Τα ψηφιδωτά της Δήλου

Anne-Marie Guimier-Sorbets

ÉCOLE FRANÇAISE D'ATHÈNES
ΓΑΛΛΙΚΗ ΣΧΟΛΗ ΑΘΗΝΩΝ

Στη μνήμη του Philippe Bruneau

Σημείωση της συγγραφέως

Το μικρό αυτό βιβλίο έχει ως στόχο να παρουσιάσει σε ένα ευρύ κοινό τις κυριότερες γνώσεις μας σχετικά με τα ψηφιδωτά της Δήλου, συνοδευόμενες από άφθονη έγχρωμη εικονογράφηση. Επιχειρούμε να παρουσιάσουμε τα ψηφιδωτά μέσα στο αρχιτεκτονικό τους πλαίσιο, γι' αυτό παραπέμπουμε στον *Οδηγό της Δήλου (GD)* καθώς και στον *Άτλαντα της Δήλου*, που δημοσιεύθηκε πρόσφατα υπό τη διεύθυνση του Jean-Charles Moretti και που είναι προσβάσιμος στο διαδίκτυο (βλέπε στο τέλος του βιβλίου «Για περαιτέρω πληροφορίες»). Τα κτήρια όπου ανακαλύφθηκαν ψηφιδωτά για τα οποία γίνεται λόγος στο βιβλίο αυτό σημειώνονται στην **κάτοψη 1**, που βρίσκεται στο αναδιπλούμενο τμήμα του εξώφυλλου, και σημειώνονται με τον αριθμό που φέρουν στον Οδηγό της Δήλου μέσα σε έναν κόκκινο κύκλο. Για περισσότερες πληροφορίες παραπέμπουμε φυσικά στο σύνταγμα των ψηφιδωτών του Ph. Bruneau: οι αριθμοί τους δίνονται σε αγκύλες.

Χρονολογικά ορόσημα

314-167: η Δήλος είναι μια ανεξάρτητη πόλις-κράτος, έδρα ενός διεθνούς ιερού του Απόλλωνα και ενός εμπορικού λιμένος τοπικής εμβέλειας.

172-168: τρίτος Μακεδονικός πόλεμος: νίκη της Ρώμης επί του Περσέα, βασιλά της Μακεδονίας.

167: η ρωμαϊκή Σύγκλητος παραδίδει την Δήλο στην Αθήνα, που εκδιώκει από το νησί τους Δηλίους και εγκαθιστά μια κληρουχία.

130-68: κατασκευή των περισσότερων ψηφιδωτών της Δήλου.

88-84: πρώτος Μιθριδατικός πόλεμος ανάμεσα στη Ρώμη και στον Μιθριδάτη ΣΤ΄, βασιλιά του Πόντου.

88: Ο Μιθριδάτης ΣΤ΄ λεηλατεί τη Δήλο και σφαγιάζει τους κατοίκους της.

75-63: τρίτος Μιθριδατικός πόλεμος μεταξύ της Ρώμης και του Μιθριδάτη ΣΤ΄, βασιλιά του Πόντου.

69: Ο Αθηνόδωρος, πειρατής στην υπηρεσία του Μιθριδάτη, λεηλατεί τη Δήλο. Ο Ρωμαίος ανθύπατος Γάιος Τριάριος χτίζει ένα τείχος.

67: πόλεμος του Πομπήιου ενάντια στους πειρατές.

Εισαγωγή

Όταν ανακαλύφθηκαν τα αρχαία ψηφιδωτά στις παλαιές ανασκαφές, ήδη από τον 17° αι. στην Ιταλία, τις περισσότερες φορές αποκολλήθηκαν και αφαιρέθηκαν από το κτήριο στο οποίο ανήκαν. Οι συλλέκτες εκτιμούσαν ιδιαίτερα τους εικονογραφημένους πίνακες των ψηφιδωτών (βλ. ένθετο I) ως κατάλοιπα της αρχαίας ζωγραφικής ή διακοσμούσαν με αυτούς το δάπεδο των νεόδμητων παλατιών τους. Και στις δύο περιπτώσεις, διατηρείτο μόνο το αποκολλημένο τμήμα, ενώ το υπόλοιπο, που αφηνόταν κατά χώραν, ήταν καταδικασμένο, αργά ή γρήγορα, να καταστραφεί. Μεγάλες συλλογές ψηφιδωτών συγκροτήθηκαν μέχρι το πρώτο μισό του 20ου αι., στα μεγάλα μουσεία των πρωτευουσών των δυτικών χωρών καθώς και στην Καρχηδόνα και στην Αντιόχεια. Αντιθέτως, τα δάπεδα της Δήλου, που ανακαλύφθηκαν ήδη από τις πρώτες ανασκαφές του 19ου αι., αφέθηκαν στην αρχική τους θέση (I) και μόνο σπαράγματα προερχόμενα από τον όροφο των οικιών μεταφέρθηκαν στο μουσείο. Στη συνέχεια μεταφέρθηκαν και εκτέθηκαν στο μουσείο ελάχιστοι πίνακες, που κινδύνευαν από την παραμονή τους στο χώρο. Ούτε αυτοί όμως έφυγαν από το νησί, όπως για παράδειγμα ορισμένα γλυπτά, που φυλάσσονται σήμερα στο Εθνικό Αρχαιολογικό Μουσείο στην Αθήνα. Όλα τα ψηφιδωτά της Δήλου βρίσκονται στο νησί και, στη συντριπτική πλειοψηφία τους, στην αρχική τους θέση, προστατευμένα σε ένα εξαιρετικό περιβάλλον καθώς ολόκληρο το νησί αποτελεί προστατευόμενο αρχαιολογικό χώρο. Το πρώτο αυτό χαρακτηριστικό των ψηφιδωτών της Δήλου – που συνεπάγεται επείγοντα προβλήματα συντήρησης – επιτρέπει τη μελέτη τους μέσα στο αρχιτεκτονικό τους πλαίσιο. Το δεύτερο χαρακτηριστικό τους έγκειται στο γεγονός ότι είναι ταυτόχρονα πολυάριθμα και στη συντριπτική τους πλειοψηφία σύγχρονα, καθώς κατασκευάστηκαν σε μια σχετικά σύντομη χρονική περίοδο, μεταξύ του 130 και του 68 π.Χ. Αποτελούν λοιπόν ένα μοναδικό σύνολο για τη μελέτη του ψηφιδωτού, όπως και για τη μελέτη του αρχιτεκτονικού διακόσμου της ελληνιστικής εποχής, σε συσχετισμό με τις ζωγραφικές παραστάσεις και τα επιχρίσματα των ίδιων κτηρίων. Η σημασία των ψηφιδωτών δεν είχε διαφύγει της προσοχής των πρώτων ανασκαφέων της Δήλου. Ήδη από το 1908, ο Marcel Bulard αφιέρωσε τον τόμο XIV του φημισμένου περιοδικού *Monuments Piot* στη ζωγραφική και στα ψηφιδωτά της Δήλου. Το 1922-1924, στον τόμο VIII της σειράς *Exploration archéologique de Délos* (*EAD*), ο Joseph

Chamonard μελέτησε τους διάφορους τύπους των δαπέδων της Συνοικίας του θεάτρου. Το 1933, ο ίδιος ερευνητής αφιέρωσε τον τόμο XIV της σειράς *EAD* στα ψηφιδωτά της Οικίας των προσωπείων. Το 1972, ο Philippe Bruneau, στον τόμο XXIX της σειράς *EAD*, συνέταξε έναν κατάλογο του συνόλου των ψηφιδωτών του νησιού, όπως είχε αρχίσει να γίνεται για τους μεγάλους αρχαιολογικούς χώρους σε διάφορες χώρες, σύμφωνα με την προτροπή της Διεθνούς ένωσης για τη μελέτη του αρχαίου ψηφιδωτού (AIEMA) ήδη από την ίδρυσή της από τον Henri Stern το 1963. Ο Ph. Bruneau μελέτησε τα ημερολόγια των ανασκαφών των προκατόχων του, κατέταξε τα σπαράγματα στο μουσείο, περιέγραψε συστηματικά τα ψηφιδωτά, χρησιμοποιώντας ένα ξεκάθαρο περιγραφικό λεξιλόγιο που συνέλαβε μαζί με τον René Ginouvès. Αυτή η συστηματική μέθοδος μελέτης, για την οποία του είμαστε όλοι υπόχρεοι, του επέτρεψε να συντάξει το θεμελιώδες αυτό έργο, που αποτελεί σημείο αναφοράς μέχρι σήμερα.

Στο θαυμασμό που αισθάνεται κανείς κάθε φορά που αποβιβάζεται στη Δήλο συμβάλλει πρωτίστως το μεγαλειώδες σκηνικό των ερειπίων του ιερού, της συνοικίας του λιμανιού και των οικιών που αναπτύσσονται σε άνδηρα στις πλαγιές του Κύνθου, του λόφου που δεσπόζει στο νησί. Στη συνέχεια, ο θαυμασμός εντείνεται καθώς εισέρχεται κανείς στη Συνοικία του θεάτρου από τις μικρές δαιδαλώδεις οδούς, που οδηγούν το βλέμμα στις πλούσιες οικίες που αναπτύσσονται κατά μήκος τους. Οι τοίχοι σώζονται σε ύψος αρκετών μέτρων και αποτελούνται από επάλληλες στρώσεις από πλάκες γνεύσιου, ορατές μετά από την εξαφάνιση των επιχρισμάτων που τους κάλυπταν. Από το δρόμο, ρίχνοντας βλέμματα σχεδόν αδιάκριτα μέσα από τις εισόδους των σπιτιών, μπορούμε να διακρίνουμε τα κατάλοιπα του χρωματιστού διακόσμου των τοίχων, καθώς και τα ψηφιδωτά που καλύπτουν το δάπεδο της αυλής, του περιστυλίου* και των αιθουσών στις οποίες δίνει πρόσβαση, όπως στην Οικία του Διονύσου (120) ή σε εκείνη της τρίαινας. Μακρύτερα, υπολείμματα ψηφιδωτών καλύπτουν τις δεξαμενές που έχουν καταρρεύσει. Σήμερα, τα ψηφιδωτά με τον χαρακτηριστικό τους διάκοσμο αποτελούν μέρος του τοπίου της Δήλου, τα ανακαλύπτουμε στους περιπάτους μας (2) στο χώρο αλλά και στο μουσείο, όπου εκτίθενται οι πιο εύθραυστοι πίνακες. Στο ισόγειο αλλά και στον όροφο, τα ψηφιδωτά αποτελούν μέρος του αρχιτεκτονικού διακόσμου των κτηρίων, όπως οι ζωγραφικές παραστάσεις και τα επιχρίσματα που ζωντάνευαν τις εσωτερικές όψεις των τοίχων, σε συνδυασμό με τα γλυπτά εσωτερικού χώρου, τα αντικείμενα που χρησίμευαν για τον φωτισμό, τα έπιπλα και τα υφάσματα που έχουν χαθεί.

Οι ανασκαφές που διεξάγονται στο νησί από την Γαλλική Αρχαιολογική Σχολή από το 1873 σε συνεργασία με την Αρχαιολογική Υπηρεσία (Εφορεία Αρχαιοτήτων Κυκλάδων), στο ένα τρίτο περίπου της έκτασης του νησιού, οδήγησαν στην αποκάλυψη εκατό περίπου οικιών. Τριακόσια πενήντα περίπου δάπεδα ή σπαράγματα δαπέδων ανακαλύ-

...καν, από τα οποία περίπου εκατόν εξήντα φέρουν κάποιο είδος διακόσμου. Αν και ανήκουν κυρίως στην οικιακή σφαίρα, τα ψηφιδωτά κοσμούν επίσης ιερά όπως εκείνο των συριακών θεοτήτων (98), στο άνδηρο του Κύνθου, δημόσια ή ιδιωτικά κτήρια όπως η Αγορά των Ιταλών (52) ή η Λέσχη του Κοινού των Ποσειδωνιαστών της Βηρυτού (57). Στο σύνολό τους τα ψηφιδωτά κατασκευάστηκαν κατά τη διάρκεια μιας σχετικά σύντομης χρονικής περιόδου. Αποτελούν το μεγαλύτερο γνωστό σύνολο για την ελληνιστική εποχή και αποκτούν έτσι μια ιδιαίτερη σημασία στην ιστορία του αρχαίου διακόσμου.

ΟΙΚΙΑ ΤΗΣ ΤΡΙΑΙΝΑΣ

Εισερχόμενοι στην Οικία της τρ
μος της εισόδου οδηγεί στην
την πλευρά απέναντι από τ
Η πλούσια αυτή κατοικία
είχε έξι ψηφιδωτά δάπεδ
που χρησίμευε ως *implu*
που αποτελείται από ε
έναν μαίανδρο με τρι
πολυχρωμία και με
ήταν επίσης καλυ
και κομψό διάκ
δοτούν την εισ
την κύρια είσ
πλάγια οδό
νιος τάπητ
διάκοσμ
ανάμεσ
στασ
παν
πο
π

η συν
εμφανίζονται ο
ιλουζιονιστικά μοτίβα π

(2)

PLAN·DE·L'ETAT·ACTVEL
DE·LA·MAISON·DITE·DV·TRIDENT

ECHELLE DE 0,025 P.M.

DELOS. PARIS – 1909

Τα ψηφιδωτά της Δήλου

περπατούν σε ένα λείο δάπεδο με μοτίβα που φαίνονταν ανάγλυφα· το ίδιο συνέβαινε με το μαίανδρο με τις τρισδιάστατες σβάστικες και τα τετράγωνα του δαπέδου της αυλής. Στα δάπεδα αυτά του ισογείου προστίθενται εκείνα του ορόφου, από τα οποία ένα μόνο σπάραγμα με μαίανδρο, κατασκευασμένο με την τεχνική του *opus signinum* (1) βρέθηκε κατά τη διάρκεια των ανασκαφών των αρχών του 20^{ου} αι.

Η Οικία της τρίαινας είναι το σπίτι της Δήλου με το μεγαλύτερο ποσοστό ψηφιδωτών δαπέδων.

ΟΙΚΙΑ ΤΩΝ ΠΡΟΣΩΠΕΙΩΝ

Στα νότια του θεάτρου, η Οικία των προσωπείων ⑪₂ καταλαμβάνει ένα σημαντικό κομμάτι ενός μεγάλου οικοδομικού τετραγώνου, που πλαισιώνεται από μια οδό με κιονοστοιχία· το εμβαδόν της είναι περίπου 690 τμ (**κάτοψη 1**). Ο διάδρομος της εισόδου οδηγεί σε μια αυλή με ροδιακό περιστύλιο, με την υπερυψωμένη πλευρά να αντιστοιχεί στον πολυτελέστατο *œcus maior*. Το *impluvium* της αυλής είναι καλυμμένο με ένα ψηφιδωτό από θραύσματα μαρμάρου. Σε τέσσερεις από τις αίθουσες που ανοίγουν στην αυλή, τα ψηφιδωτά με τις διάφορες συνθέσεις τους, έχουν εικονιστικό διάκοσμο. Η πρώτη αίθουσα στα δεξιά της εισόδου έχει έναν ορθογώνιο τάπητα-κατώφλι (1) διακοσμημένο με πολύχρωμο άνθεμο (2) σε σκοτεινό βάθος με πουλιά που τσιμπολογούν καρπούς· το άνθεμο στηρίζεται σε μακρά πράσινα σέπαλα διευθετημένα ως προς τη διαγώνιο του τάπητα του κατωφλιού [214]. Στον κεντρικό τάπητα (1) που περιβάλλεται από σπειροκύματα, τρεις εικονογραφημένοι πίνακες με σκοτεινό βάθος προβάλλουν στο λευκό βάθος όπου παρατηρούμε ένα δεμάτι κλαδιά και στεφάνια από κισσό και δάφνη όμοια με αυτά που φορούσαν οι συνδαιτημόνες κατά τη διάρκεια των συμποσίων, ή ακόμη με τα έπαθλα των αγώνων (6). Στον κεντρικό, σχεδόν τετράγωνο, πίνακα (1,08 μ × 1,06 μ), κατασκευασμένο με ένα πολύ λεπτό *opus vermiculatum* (1), ο Διόνυσος, πλούσια ενδεδυμένος κατά τον ανατολίτικο τρόπο, ιππεύει έναν γατόπαρδο με τον τρόπο των αμαζόνων (7). Ο στεφανωμένος με κισσό θεός κρατά έναν θύρσο* καθώς και το τύμπανο*, το αγαπημένο του μουσικό όργανο. Φορά μακριά φορέματα, με λεπτές επάλληλες πτυχώσεις, με έντονα και αντίθετα χρώματα. Αναπαρίσταται έτσι να

(6)

(7)

Τα ψηφιδωτά της Δήλου

επιστρέφει θριαμβευτικά από την Ανατολή, όπου αναγνωρίστηκε η θεϊκή του ιδιότητα. Ο γατόπαρδος, ένα άγριο ζώο που εξημέρωσε ο θεός, συμμετέχει στον θρίαμβό του με ένα περιλαίμιο από κισσό, δεμένο με μια πορφυρή κορδέλα. Στους δύο πλαϊνούς πίνακες, σε σχήμα ρόμβου, φιλοτεχνημένους με την τεχνική του *opus tessellatum*, κένταυροι καλπάζουν συμμετρικά για να λάβουν μέρος στο συμπόσιο προς τιμήν του θεού: ο ένας κρατά έναν επίχρυσο κρατήρα*, ο άλλος έναν πυρσό. Δεν είναι πια τα άγρια υβριδικά πλάσματα, κυνηγοί των δασών, αλλά οι πιστοί του Διονύσου, ο οποίος τους εκπολίτισε και τους έμαθε να πίνουν το νερωμένο κρασί στα συμπόσια.

(8)

Παρατηρούμε ότι, με τρόπο συμμετρικό, τα πίσω πόδια των κενταύρων εξέχουν ελαφρώς από το πλαίσιο· αυτό οφείλεται στη δυσκολία της τοποθέτησης των μορφών στο στενό πλαίσιο των πινάκων σε σχήμα ρόμβου ή μάλλον στην αναζήτηση της εντύπωσης της κίνησης: οι κένταυροι φαίνεται έτσι να αναπηδούν για να συναντήσουν το θεό.

Το δάπεδο του τεράστιου *œcus maior* (9,30 × 7,20 μ) καλύπτεται σε μεγάλο βαθμό από μια σύνθεση με τρισδιάστατους κύβους κόκκινου, μαύρου και λευκού χρώματος [215]. Σε κάθε πλευρά, μια προέκταση σε φωτεινό βάθος φέρει ένα κλαδί κισσού, του οποίου αναγνωρίζουμε τα φύλλα και τους καρπούς (κορύμβους*) και στον οποίον είναι κρεμασμένα θεατρικά προσωπεία. Τα δέκα αυτά προσωπεία, χρωματιστά και φιλοτεχνημένα με ένα λεπτό *tessellatum*, είναι προσανατολισμένα προς το κέντρο της αίθουσας και παρουσιάζουν τα χαρακτηριστικά προσώπων της Νέας Κωμωδίας (8).

Η διπλανή αίθουσα είναι μικρότερων διαστάσεων και προοριζόταν για έναν μικρότερο αριθμό συνδαιτημόνων αλλά έχει και αυτή φροντισμένο διάκοσμο [216]· ο μοναδικός τάπητας περιβάλλεται από σπειροκύματα με εναλλασσόμενο προσανατολισμό με πτηνά στις γωνίες και από μια ελαφριά γιρλάντα από δάφνη και κισσό με κορύμβους στα άκρα των δύο σειρών με αντίθετο προσανατολισμό (9). Στο κέντρο, σε σκοτεινό βάθος, προβάλλεται μια σκηνή μουσικής και χορού: ο μουσικός κάθεται γυμνός και στραμμένος προς το θεατή πάνω σε έναν βράχο με το κεφάλι σε κατατομή προς τα αριστερά και παίζει αυλό*· ο φαλακρός, στεφανωμένος και γενειοφόρος σύντροφός του (Σιληνός*;), χορεύει σηκωμένος στις μύτες των ποδιών του, με το αριστερό χέρι τεντωμένο μπροστά και το δεξί λυγισμένο, να ακουμπά στο γοφό του. Έχει το κεφάλι

στραμμένο προς τα πίσω και προς το έδαφος, πράγμα που αποτελεί έναν πολύ εκφραστικό τρόπο απόδοσης της κίνησης του χορευτή. Φορά έναν κοντό μανδύα και ένα πανωφόρι τυλιγμένο στους γοφούς.

Απέναντι από την αίθουσα του Διονύσου, ένας τέταρτος *œcus* ανοίγει στη δυτική στοά του περιστυλίου [217]. Από το κατώφλι κιόλας, οι συνδαιτημόνες συνοδεύονταν από δύο δελφίνια, συμμετρικά στραμμένα προς το κέντρο της αίθουσας. Ο μεγάλος τάπητας με το πολλαπλό πλαίσιο περιλαμβάνει, σε λευκό βάθος, δύο άνθεμα με μαύρο βάθος, και την εικονογραφία του — η ποιότητα του οποίου επιβεβαιώνεται από την παρουσία υπογραφής — υπέστη ζημιές από πυρκαγιά. Σπαράγματα που ανακαλύφθηκαν στις ανασκαφές μαρτυρούν την ύπαρξη και άλλων ψηφιδωτών στις αίθουσες του ορόφου. Ωστόσο, πρέπει να σημειώσουμε ότι, σε αντίθεση με την Οικία της τρίαινας και με αυτήν των προσωπείων, δε βρήκαμε ψηφιδωτό στο δάπεδο του *aecus maior*, που φέρει πιθανότατα ξύλινη επένδυση, η οποία χάθηκε. Το ίδιο συμπεραίνουμε για τις αίθο... υποδοχής και άλλων πλούσιων κατοικιών της Δήλου, όπως η Οικία του Διονύσο... του Ερμή ή ακόμη των ηθοποιών (59Β).

με πουλιά πάνω σε κλαράκια. Ανάμεσα στους δύο αυτούς πίνακες, στο κέντρο του δαπέδου, προστέθηκαν ένας παναθηναϊκός αμφορέας με ένα κλαδί φοίνικα, καθώς και ένα μικρό πουλί που τσιμπολογά δύο καρπούς.

Το σύνολο της εικονογραφίας των δαπέδων αυτών σχετίζεται με τον Διόνυσο, θέμα στο οποίο θα επανέλθουμε. Θραύσματα ενός γυάλινου αγγείου σκούρου κυανού χρώματος χρησιμοποιήθηκαν αντί για ψηφίδες (Ι) τόσο στο ένδυμα του χορευτή, όσο και στο άνθεμο του δαπέδου με τον Διόνυσο και σε ένα σπάραγμα μικρών ψηφιδωτού πτηνού που προέρχεται από τον όροφο. Επιπλέον, παρατηρούμε την παρουσία μικρών ψηφιδωτού πτηνών σε τρία από αυτά τα δάπεδα, καθώς και την αλλαγή του προσανατολισμού του διακόσμου του πλαισίου.

Το σύνολο των διακριτών αυτών χαρακτηριστικών, καθώς και οι ακανόνιστες ψηφίδες και η απόδοση του φυτικού κοσμήματος, δείχνουν ότι τα ψηφιδωτά της οικίας έγιναν από το ίδιο εργαστήριο, το οποίο ωστόσο δεν μπορούμε να αναγνωρίσουμε στα άλλα ψηφιδωτά του νησιού.

ΟΙΚΙΑ ΤΩΝ ΔΕΛΦΙΝΩΝ

Το τρίτο σπίτι του οποίου περιγράφουμε τα δάπεδα είναι η Οικία των δελφίνων (III), που βρίσκεται κοντά στην Οικία των προσωπείων. Η πολυτελής αυτή κατοικία, με εμβαδόν περίπου 450 τ.μ στο ισόγειο, βρίσκεται στη γωνία ενός οικοδομικού τετραγώνου. Στην κύρια είσοδο, μπροστά από την οποία υπάρχει μια στοά, και ορατό από την πόρτα, το

(10)

Το ψηφιδα

δάπεδο του ευρύχωρου προθαλάμου είναι από λευκό opus tessellatum, με ένα διπλό μαύρο πλαίσιο και ένα σύμβολο της Τανίτ στο κέντρο, που κοιτά προς το εξωτερικό του σπιτιού [209] (10). Το έμβλημα αυτό, συνηθισμένο στην Καρχηδόνα και χαρακτηριστικό της φοινικικής θεότητας, προστάτευε την οικία από το κακό μάτι, διώχνοντας την αρνητική επίδραση κακόβουλων επισκεπτών.

Ένα από τα ωραιότερα δάπεδα του νησιού καλύπτει το πάτωμα του impluvium, στην περίστυλη αυλή [210] (βλέπε I). Ο τετράγωνος τάπητας προβάλλει μέσα από μια λευκή συνδετική ζώνη (I), πλαισιώνεται από μια σειρά πύργων με επάλξεις (2), μοτίβο που έλκει την καταγωγή του από τα υφαντά. και έχει εδώ κόκκινο και μαύρο χρώμα, με ανθέμια στις γωνίες (II). Μέσα σε αυτό το τετράγωνο, ένας μεγάλος κυκλικός πίνακας αποτελείται από ένα πολύ πλατύ πλαίσιο με δεκαέξι ομόκεντρες ζώνες οι περισσότερε... από τις οποίες φέρουν διάκοσμο: διακρίνουμε μια σκακιέρα με κόκκινες και μα... ψηφίδες, δύο ταινίες σπειροκυμάτων τοποθετημένων συμμετρικά εκατέρωθ... μαιάνδρου με τριοδιάστοτες σβάστικες και τετράγωνα, ένας πλοχμό με δι... προσκρατούνται εδώ με μια ζω... έλευσης, μια σειρά από αστραγάλους*. στα γεωμετρικά αυτά μοτίβα αρχιτε... εναλλάσσονται δύο ζώνες με αξιοσημείωτο διάκοσμο και σπειροκ... με την τεχνική του opus vermiculatum, είναι γνωστό το... μόνο γρυπολέοντες). Πάνω από την επένδυση τη... μπορούμε να διαβάσουμε τα κατάλοιπα της... από την Άραδο (βλέπε 30 και 36). Ο κεντ... αλλά μπορούμε να αναγνωρίσουμε σε... στα άκρα των ελικοειδών μισχίσ... Οι τέσσερεις γωνίες φέρουν ε... την τεχνική του πολύχρωμο... είναι ζεμένα όπως τα α... μικρό ηνίοχο*. αυτά τα... χιτώνες διαφορετ... τους μικρούς*... ...ρύκειο*... ...όπ...

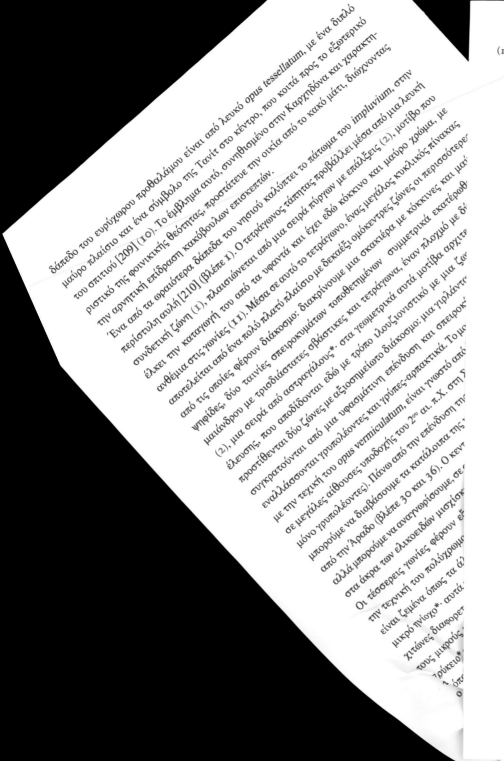

(12)

(13)

Οι τεχνικές των δαπέδων και των ψηφιδωτών

Όπως στο σύνολο των ελληνικών οικιών, το δάπεδο πολλών αιθουσών του ισογείου ήταν απλώς από πατημένο χώμα. Στις οικίες, τα πλακόστρωτα ήταν λιγοστά και αποτελούνταν σπάνια από μάρμαρο· συνήθως επρόκειτο για πλάκες από γνεύσιο ή πηλό, ιδιαίτερα στις βοηθητικές αίθουσες, στις αίθουσες όπου γινόταν χρήση νερού και στο *impluvium* της αυλής.

Διαπιστώνουμε στη Δήλο εκτεταμένη χρήση ψηφιδωτών δαπέδων, τεχνική την οποίαν εκτιμούσαν για την πρακτικότητά της (αδιάβροχο δάπεδο που καθαρίζεται εύκολα) αλλά και για την φροντισμένη ή και διακοσμητική όψη της. Το ψηφιδωτό ορίζεται ως το σύνολο στερεωμένων σε κονίαμα μικρών στοιχείων, ίδιου χρώματος ή αντίθετων χρωμάτων, τα οποία έχουν προετοιμαστεί προτού τοποθετηθούν, με διάφορα σχήματα ανεξάρτητα από τον διάκοσμο. Τα υλικά ποικίλλουν: πολλά ψηφιδωτά της Δήλου αποτελούνται από θραύσματα μαρμάρου ή κεραμεικής (1). Τα υλικά αυτά προέρχονταν από σπασμένους αμφορείς ή από απορρίμματα της επεξεργασίας μαρμάρινων όγκων που χρησιμοποιούνταν για τη γλυπτική ή για την κατασκευή κτηρίων. Σε ένα έδαφος που είχε σταθεροποιηθεί, τα θραύσματα αυτά, τοποθετημένα κάθετα, μπορούσαν είτε να καλυφθούν εξ ολοκλήρου από το κονίαμα μέσα στο οποίο τοποθετούνταν (δάπεδο από κονίαμα), είτε να αφεθούν ορατά στην επιφάνεια του δαπέδου και στην περίπτωση αυτή να λειανθούν (ψηφιδωτό από θραύσματα). Αναλόγως με το αν αποτελείτο στο μεγαλύτερο βαθμό από ασβέστη ή από κονιορτοποιημένα κεραμεικά, το κονίαμα ήταν λευκό ή ροδόχρωμο. Αυτά τα ψηφιδωτά από θραύσματα, μονόχρωμα λευκά ή ροδόχρωμα, ή δίχρωμα όταν τα θραύσματα του μαρμάρου πρόβαλλαν μέσα από ένα ροδόχρωμο κονίαμα, χρησιμοποιούνταν για ολόκληρες αίθουσες (λευκό κονίαμα) ή για να καλύψουν τις δεξαμενές και να αδιαβροχοποιήσουν τα δάπεδα των αυλών και των επίπεδων στεγών (ροδόχρωμο υδραυλικό κονίαμα, του οποίου η αδιαβροχοποίηση ενισχυόταν από τη χρήση μεγάλης ποσότητας θραυσμένης κεραμεικής). Η τεχνική αυτή, εύκολη στην εκτέλεση, και στην οποία χρησιμοποιούνταν υλικά σε δεύτερη χρήση, αποτελούσε επίσης το εξωτερικό τμήμα των ψηφιδωτών στις μεγάλες αίθουσες (13).

Στα δάπεδα που δεν είναι μονόχρωμα, διακρίνουμε έναν ή περισσότερους **τάπητες**, συνήθως ορθογώνιου σχήματος, που προβάλλουν μέσα από **συνδετικές ζώνες·** οι τάπητες αυτοί, **κύριος τάπητας** ή **τάπητας του κατωφλιού**, πλαισιώνονται συχνά από μια ή περισσότερες ζώνες· κάνουμε λόγο για **ζώνη-πλαίσιο** όταν η εξωτερική ζώνη, μαύρου χρώματος, χωρίζεται από το υπόλοιπο πλαίσιο. Οι τάπητες αυτοί μπορούν να περιλαμβάνουν έναν ή περισσότερους **πίνακες**, που είναι και αυτοί τοποθετημένοι σε πλαίσιο.

Τα βοτσαλωτά ψηφιδωτά είναι σπάνια στη Δήλο και ανήκουν σε παλιά κτήρια, όπως και στην υπόλοιπη Ελλάδα. Τα περισσότερα από τα ψηφιδωτά που φέρουν διάκοσμο είναι κατασκευασμένα με την τεχνική του *opus tessellatum,* αποτελούνται δηλαδή από μικρούς λίθινους κύβους με μήκος πλευράς μικρότερο του ενός εκατοστού, που ονομάζονται **ψηφίδες.** Για τη δημιουργία πολύ λεπτού διακόσμου, οι ψηφοθέτες χρησιμοποιούσαν μικρότατα στοιχεία (με μήκος πλευράς ενός ή δύο χιλιοστών), η μορφή των οποίων μπορούσε να προσαρμοστεί στο διάκοσμο: πρόκειται για το *opus vermiculatum* (14). Οι τεχνικές αυτές μαρτυρούνται στην Αλεξάνδρεια ήδη από τα τέλη του 4^{ου} αι. π.Χ. (*opus tessellatum*) και γύρω στο 200 π.Χ. (*opus vermiculatum*), και εξαπλώνονται σε ολόκληρη τη λεκάνη της Μεσογείου. Τα λεπτότερα μέρη του ψηφιδωτού φιλοτεχνούνταν συχνά στο εργαστήριο, πάνω σε μια βάση από κονίαμα στην ελληνιστική περίοδο, προτού τοποθετηθούν στο δάπεδο: πρόκειται για τα **εμβλήματα** (έμβλημα στον ενικό).

Βρίσκουμε επίσης στη Δήλο μερικά δάπεδα με την τεχνική του *opus signinum,* δαπέδου από κονίαμα που αποτελείται από σκόνη και θραύσματα κεραμικής (θραύσματα κοιλίας και λαβών αμφορέων), διακοσμημένα με ψηφίδες που σχηματίζουν σταυρούς ή πλέγμα με ρόμβους (15)· η τεχνική αυτή είναι γνωστή από τα τέλη του 4^{ου} ή τις αρχές του 3^{ου} αι. π.Χ. στην Τυνησία και έπειτα σε άλλες περιοχές, ιδιαιτέρως στη Σικελία· αν και συνήθως συσχετίζεται με το δυτικό τμήμα της λεκάνης της Μεσογείου, μαρτυρείται και στο ανατολικό τμήμα.

(1)*Τεχνικές και σύνθεση των δαπέδων*

(15)

Τα ψηφιδωτά της Δήλου

(16)

Τα ψηφιδωτά της Δήλου

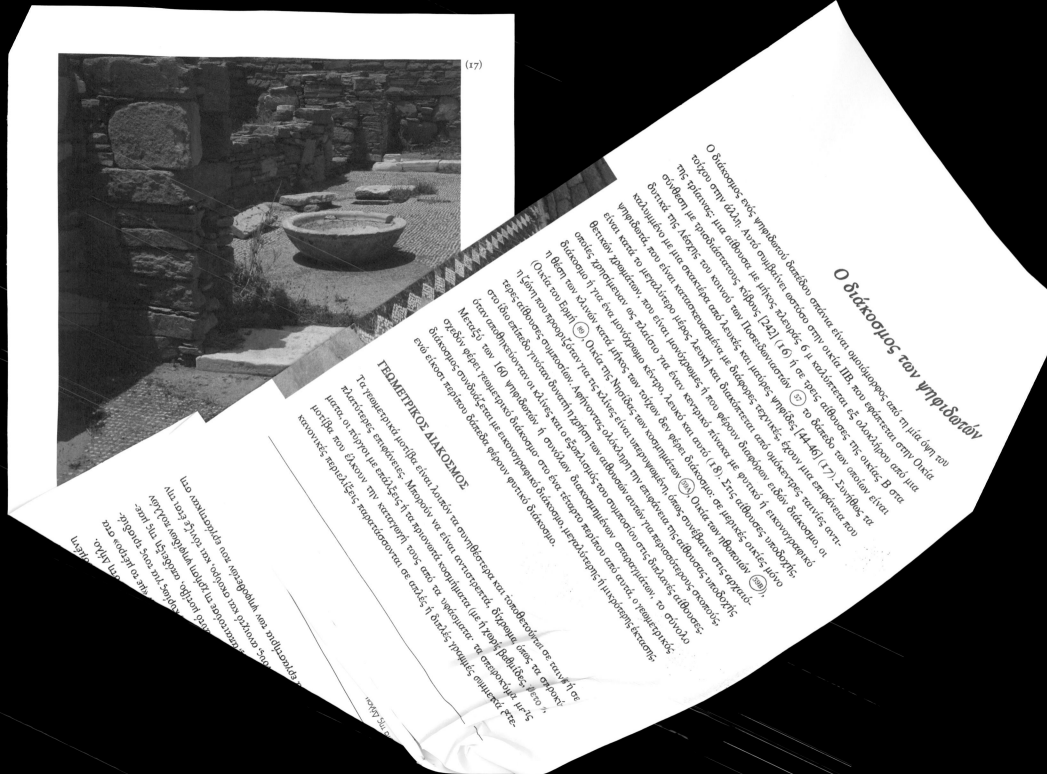

Ο διάκοσμος των ψηφιδωτών

Ο διάκοσμος ενός ψηφιδωτού δαπέδου σπάνια είναι ομοιόμορφος από τη μία όψη του τοίχου στην άλλη. Αυτό συμβαίνει ωστόσο στην οικία ΙΙΒ, που εφάπτεται στην Οικία της τρίαινας: μια αίθουσα με μήκος πλευράς 6 μ καλύπτεται εξ ολοκλήρου από μια σύνθεση με τρισδιάστατους κύβους [242] (16) ή σε τρεις αίθουσες της οικίας Β στα δυτικά της Λέσχης του κοινού των Ποσειδωνιαστών (37) το δάπεδο των οποίων είναι καλυμμένο με μια σκακιέρα από λευκές και μαύρες ψηφίδες [44-46] (17). Συνήθως τα ψηφιδωτά, που είναι κατασκευασμένα με διάφορες τεχνικές, έχουν μια επιφάνεια που κολυμβούν ως πλαίσιο για έναν κεντρικό πίνακα με φυτικό ή εικονογραφικό θέμα.

είναι κατά το μεγαλύτερο μέρος λευκή και διάφορες τεχνικές, έχουν μια επιφάνεια που κολυμβούν ως πλαίσιο για έναν κεντρικό πίνακα με φυτικό ή εικονογραφικό θετικών χρωμάτων, που πλαίσιο για τούτον λευκό και αυτό (18). Στις αίθουσες οι οποίες χρησίμευαν ως πλαίσιο για τούτον δεν φέρει διάκοσμο: σε μερικές οικίες μόνο διάκοσμο ή για ένα μονόχρωμο κέντρο, λευκό και αυτό (18). Στις αίθουσες στις αρχαίο-η θέση των κλινών κατά μήκος των τοίχων δεν φέρει διάκοσμο. Οικία των Ηρώων υποδοχής (Οικία του Ερμή) (99). Οικία της Νηρηίδας των κοσμημάτων (50Α), Οικία των κλινών κατά μήκος συμπτώσεων αυτών για περισσότερους σκοπούς, τερες αίθουσες συμποσίων. Αφήνοντας ολόκληρη την επιφάνεια της διπλανές αίθουσες η ζώνη που προοριζόταν για τις κλίνες είναι και εξοπλισμός του συνόλων διακοσμημένων στις διπλανές αίθουσες στο ίδιο επίπεδο γίνεται δυνατή η χρήση του αιθουσών αυτών για περισσότερους σκοπούς.

όταν αποθηκεύονταν οι κλίνες και εξοπλισμός του συνόλων διακοσμημένων στις διπλανές αίθουσες

Μεταξύ των 160 ψηφιδωτών η συνολικά διακοσμημένου στο ένα τέταρτο περίπου από αυτά, ο γεωμετρικός σχεδόν φέρει γεωμετρικό διάκοσμο, μεγαλύτερης ή μικρότερης έκτασης. διάκοσμος συνδυάζεται με εικονογραφικό διάκοσμο στο ένα τέταρτο περίπου από αυτά, ο γεωμετρικός ενώ είκοσι περίπου δάπεδα φέρουν φυτικό διάκοσμο.

ΓΕΩΜΕΤΡΙΚΟΣ ΔΙΑΚΟΣΜΟΣ

Τα γεωμετρικά μοτίβα είναι λοιπόν τα συνηθέστερα και τοποθετούνται σε ταινίες ή σε πλαισιότερες επιφάνειες. Μπορούν να είναι αντιστρεπτά, δίχρωμα, όπως τα σπρωχτά, οι πύργοι με επάλξεις ή τα πριονωτά κοσμήματα (με ή χωρίς βαθμίδες), ή σε μοτίβα που έλκουν την καταγωγή τους από τα υφάσματα: τα σπειροκύματα, μη της κανονικές περιελίξεις παρατάσσονται σε απλές ή διπλές γραμμές συμπετά στε-

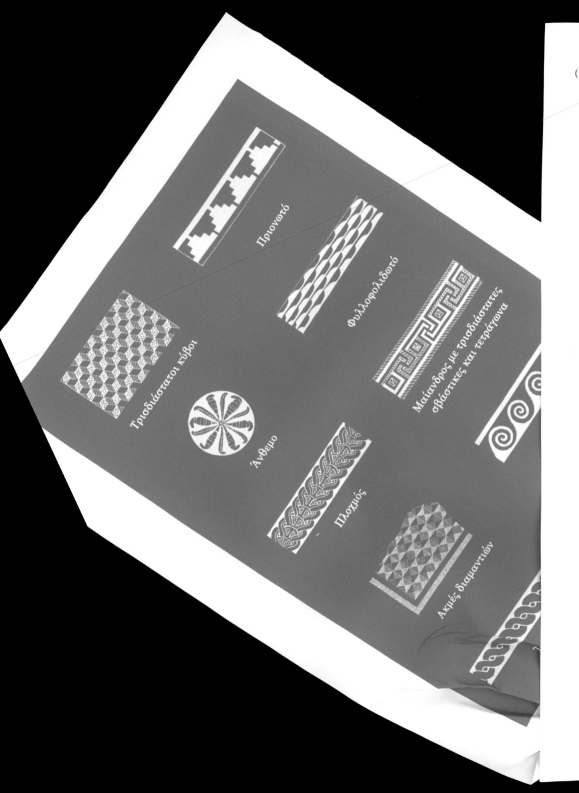

ταγμένες. Άλλα μοτίβα αποδίδουν το τρισδιάστατο ανάγλυφο μέσω της πολυχρωμίας τους. Οι μαίανδροι με σβάστικες και τετράγωνα, οι γεισίποδες*, τα ωά και οι λόγχες*, το φυλλοφολιδωτό (2), οι τρέσσες και οι πλοχμοί (2) ανήκουν στο θεματολόγιο του αρχιτεκτονικού διακόσμου: τα βρίσκουμε γλυπτά, φτιαγμένα από κονίαμα, καθώς και ζωγραφιστά ή από ψηφιδωτό. Τεχνίτες των κονιαμάτων και ζωγράφοι μιμήθηκαν την εργασία των γλυπτών, καθένας με τα χαρακτηριστικά της δικής του τεχνικής, και οι ψηφοθέτες μιμήθηκαν με τη σειρά τους τους ζωγράφους, παίζοντας με το χρώμα για να δημιουργήσουν ψευδαίσθηση: σε μαύρο ή σκουρόχρωμο βάθος, τα τμήματα του διακόσμου προβάλλουν με τη χρήση ολοένα και πιο ανοιχτών τόνων και φαίνονται έτσι να προεξέχουν. Για τους κύβους και τις ακμές των διαμαντιών (2), ο όγκος των κύβων (βλέπε 16) ή των μικρών αντικρυστών πυραμίδων [333] δηλώνεται με τη διάταξη απλών σχημάτων (ρόμβων, ισοσκελών τριγώνων, παραλληλογράμμων) ομοιόμορφων χρωμάτων. Τα δύο αυτά μοτίβα αποδίδονται επίσης και με το *opus sectile*, μια πολύ εκλεπτυ[σμένη] τεχνική κάλυψης δαπέδου από την οποία κανένα παράδειγμα δε σώθηκ[ε]. Η εκτέλεση των γεωμετρικών αυτών μοτίβων, που πρέπει να γινότα[ν] δάπεδα, απαιτούσε ωστόσο ακρίβεια και κατάλληλα υλικά στατους μαιάνδρους με σβάστικες: το εκλεπτυσμένο στρίας των ψηφοθετών της ελληνιστικής εποχή[ς] χρωμάτων, καθεμιάς από αυτές σε δύο τό ποιότητα του εργαστηρίου (19). Τ

Δήλο έδειξαν ότι κατείχαν σε υψηλό βαθμό τις τεχνικές και τους διάφορους συνδυασμούς των μοτίβων. Είδαμε στο δάπεδο της Οικίας των δελφίνων ότι ο πολύχρωμος τρισδιάστατος μαίανδρος είναι τοποθετημένος ανάμεσα σε σπειροκύματα που αποδίδονται σε δύο διαστάσεις με μαύρο και λευκό χρώμα. Έτσι, πάνω στο ψηφιδωτό του *œcus maior* της Οικίας των φούρνων ⟨124⟩, μια πλούσια σύνθεση από τρισδιάστατους μαίανδρους με σβάστικες πλαισιώνεται στην εξωτερική πλευρά του από δύο συμμετρικές σειρές

ασπρόμαυρων σπειροκυμάτων, τοποθετημένων εκατέρωθεν ενός τρισδιάστατου τόρου*, που σχηματίζεται από εφαπτόμενα παραλληλόγραμμα ερυθρού και κίτρινου χρώματος η διαβάθμιση των τόνων τους, που κορυφώνεται σε μια κεντρική ανοιχτόχρωμη τα παράγει μια συναρπαστική αίσθηση όγκου [325] (20)· ο ψηφοθέτης έπαιξε έ δάπεδο, με την αντίθεση ανάμεσα σε δίχρωμα μοτίβα που αποδίδονται σε δ' σεις και σε πολύχρωμα μοτίβα με τρισδιάστατο ανάγλυφο.

ΦΥΤΙΚΟΣ ΔΙΑΚΟΣΜΟΣ

Τα φυτικά μοτίβα είναι σπανιότερα από τα γεωμετρικά. Τα άνθεμα, κεντρικές συνθέσεις αποτελούμενες από πέταλα με λίγο έως πολύ περίπλοκα περιγράμματα, από σέπαλα και/ή μισχίσκους που φέρουν φύλλα και άνθη, αποδίδονται με ιλουζιονιστικό τρόπο σε μαύρο βάθος. Στις αίθουσες υποδοχής μπορούν να βρίσκονται στο κέντρο του κυρίως τάπητα [261] ή διπλά [217], ή ακόμη τοποθετημένα στον τάπητα του κατωφλιού όπως στην Οικία των προσωπείων [214]. Στο κέντρο της αυλής, στην Οικία της λίμνης (64) [93] ή σε αυτήν των δελφίνων [210], το νερό της βροχής του *impluvium* τα κάλυπτε κατά καιρούς. Μπορούσαν επίσης να κοσμούν τον όροφο κατοικιών, όπως στην Οικία των τριτώνων [79] (βλέπε 44) ή σε αυτήν της λίμνης: η κομψή αυτή φυτική σύνθεση αποτελείται από δύο επάλληλα άνθεμα, το καθένα από τα οποία σχηματίζεται από μια στεφάνη από σέπαλα και από τέσσερα πέταλα των οποίων η χρωματική διαβάθμιση τονίζει το καμπυλόγραμμο προφίλ [95] (21).

Οι γιρλάντες, που αποτελούνται από φυτικά στελέχη που συγκρατούνται από ταινίες, φέρουν καρπούς, οι οποίοι υπογραμμίζουν την ποικιλία των φυτικών ειδών (κισσός,

(21)

δάφνη, ελιά, αχλαδιά, πεύκο, κλπ.). Στα ψηφιδωτά της Δήλου, οι ελικοειδείς βλαστοί είναι ολιγάριθμοι. Θεατρικά προσωπεία, κεφαλές ταύρων από θυσίες μπορούν να συσχετιστούν με τους ελικοειδείς βλαστούς και με τις γιρλάντες [68] (22 και 23). Στην Οικία των προσωπείων, τα κλαδιά που εικονίζονται στο δάπεδο [214] καθώς και οι ελικοειδείς βλαστοί που φέρουν τα προσωπεία [215] αναπαράγουν εις το διηνεκές τα φυτικά στοιχεία που χρησιμοποιούνταν κατά τη διάρκεια των συμποσίων προς τιμήν των θεών που επιθυμούσαν να τιμήσουν, στις οικίες, στο θέατρο και στα ιερά.

(22)

(23)

ΕΙΚΟΝΙΣΤΙΚΟΣ ΔΙΑΚΟΣΜΟΣ

Το θεματολόγιο του εικονιστικού διακόσμου μπορεί να είναι απλό ή περίπλοκο: μικρά ζώα ζωντανεύουν τον φυτικό διάκοσμο (πουλιά, πεταλούδες) τονίζοντας τον ρεαλισμό του, δελφίνια κολυμπούν και τυλίγονται γύρω από μια άγκυρα σε ένα κατώφλι ορισμένων αιθουσών υποδοχής [261] (24)· στην Οικία των φούρνων ένας πίνακας φέρει τρία ψάρια διαφορετικών ειδών [328]. Τα διακοσμητικά αυτά στοιχεία φανερώνουν την προτίμηση για έναν διάκοσμο εμπνευσμένο από το ζωικό βασίλειο που μαρτυρείται στην ελληνιστική εποχή, ιδιαίτερα στους αλεξανδρινούς ψηφοθέτες. Ένας πίνακας που εικονίζει περιστέρια (αγριοπερίστερα) πάνω σε μια επίχρυση χάλκινη λεκάνη [168] (25) αποτελεί ένα από τα αρχαιότερα αντίγραφα ενός πρωτότυπου έργου που δημιουργήθηκε στην Πέργαμο από τον ψηφοθέτη Σώσο στα πρώτο μισό του 2ου αι. π.Χ., σύμφωνα με τη μαρτυρία του Πλίνιου του Πρεσβύτερου (*Φυσική ιστορία*, XXXVI, 184). Νεκρές φύσεις εικονίζουν τα έπαθλα των νικητών αγώνων, όπως στην Οικία της τρίαινας [234] (βλέπε 5), των προσωπείων [217], των φούρνων [325] ή στην Αγορά των Ιταλών [25] (βλέπε 37). Βρίσκουμε όμως επίσης αληθινούς πίνακες με ένα ή περισσότερα πρόσωπα. Το μεγαλύτερο μέρος της εικονογραφίας των ψηφιδωτών της Δήλου μπορεί να συσχετιστεί με τον Διόνυσο, τον θεό του κρασιού, της ανάπτυξης των φυτών, του άγριου κόσμου που εκπολιτίζει και επίσης του θεού του θεάτρου και της οικίας, που προεδρεύει στα συμπόσια. Θριαμβευτής, απεικονίζεται με το ανατολίτικο ένδυμά του, πάνω σε ένα θηρίο, όπως στην Οικία των προσωπείων [214] (βλέπε 7). Στην αυλή της Οικίας του Διονύσου, ορατός από την είσοδο και προσανατολισμένος προς τον *œcus maior,* βρισκόταν ο πιο εκλεπτυσμένος πίνακας, που εκτίθεται σήμερα στο μουσείο της Δήλου [293] (26). Ο μεγάλος αυτός πίνακας (1,64 × 1,32 μ) με μαύρο βάθος, του οποίου το πολύ λεπτό *opus vermiculatum* έχει υποστεί ζημιές, απεικονίζει την ίδια σκηνή: ο Διόνυσος, με τα μαλλιά στους ώμους, στεφανωμένος με κισσό και πλούσια ενδεδυμένος σύμφωνα με την ανατολίτικη παράδοση, καβαλά μια τίγρη κρατώντας τον θύρσο του. Ο θεός, στην ακμή της ηλικίας του, είναι φτερωτός, πράγμα σπάνιο στην ελληνική εικονογραφία που τονίζει ταυτόχρονα την ισχύ και τον θεϊκό χαρακτήρα του, ο οποίος αναγνωρίστηκε πρώτα στην Ανατολή (27). Το θηρίο, με ένα πόδι ανασηκωμένο, στρέφεται προς τον θεό, ̥ν οποίον αναγνωρίζει ως κύριό του (βλέπε την εικόνα του εξωφύλλου)· συσχετίζεται ̥ θρίαμβο του θεού και φορά ένα περιλαίμιο από άμπελο, φορτωμένο με σταφύλια· ̥ς σε ένα έδαφος με άγρια βλάστηση αναποδογυρίζει έναν πολύτιμο κάνθαρο* από ̥ταλλο, γεμάτο με κρασί (28). Σε ένα σπάραγμα προερχόμενο από τον όροφο ̠ Συνοικίας του Ινωπού ⑨⑤ [169], το εμπρός μέρος ενός γατόπαρδου με ̥ύλλα κισσού και με κορύμβους ανήκε αναμφίβολα σε Διόνυσο (29).

(24)

(25)

(26)

Ο διάκοσμος των ψηφιδωτών

Η τιμή στον Διόνυσο μπορεί να αποδοθεί με λιγότερο άμεσο τρόπο, όπως με την ανα-παράσταση του αγώνα δίφρων δελφίνων, όπως είδαμε, ή με τη σειρά σπειροκυμάτων με κεφαλές γρυπολεόντων και γρυπών-αρπακτικών του ίδιου δαπέδου [210]: οι γρύπες είναι ένας άλλος τύπος θηρίου – μυθικού – που δάμασε ο Διόνυσος (30). Το θέατρο επηρέασε το ελληνιστικό θεματολόγιο και η αναφορά σε αυτό σχετίζεται με τον θεό, που προεδρεύει στις παραστάσεις και στους αγώνες στο θέατρο. Κρεμασμένα σε ελικοειδείς βλαστούς ή σε γιρλάντες ή εικονιζόμενα σε έναν μικρό πίνακα [347], τα προσωπεία συμμετέχουν στην ίδια απόδοση τιμής.

(28)

Για τους παραγγελιοδότες και τους πεπαιδευμένους φιλοξενούμενους, ήταν εύκολο να αναγνωρίσουν την «παρουσία» του θεού σε σκηνές, όπου δεν εικονίζεται ο ίδιος. Πράγματι, γνώριζαν το επεισόδιο κατά το οποίο ο Λυκούργος, βασιλιάς της Θράκης, καταδιώκοντας τον Διόνυσο, επιχείρησε να επιτεθεί στην Αμβροσία, μια από τις ακο-λούθους του, καθώς ο θεός βούτηξε στη θάλασσα για να ξεφύγει από τον θυμό του. Σε έναν πίνακα από όροφο [69] της Νησίδας των κοσμημάτων, όπως και σε άλλα δάπεδα καθ' όλη τη διάρκεια της αρχαιότητας, ο βασιλιάς σηκώνει από οργή με τα δύο χέρια τον διπλό του πέλεκυ για να χτυπήσει τη νύμφη που βρίσκεται κατά γης. Εκείνη, επι-χειρώντας να προστατευθεί με το δεξί της χέρι, χτυπά το έδαφος με το αριστερό και ο θεός την μεταμορφώνει σε άμπελο, τα κλαδιά της οποίας θα πνίξουν τον Λυκούργο (31). Στην ελληνιστική εποχή δε χρειαζόταν να αναγραφούν τα ονόματα των προσώπων που ο καθένας αναγνώριζε, «βλέποντας» σε αυτά την θεϊκή παρέμβαση που είχε επιτρέψει στην νύμφη να θριαμβεύσει επί του βαρβάρου βασιλιά και να τον τιμωρήσει. Στην οικία IVB, ένας πίνακας του ορόφου διατηρείται σε πολύ αποσπασματική κατάσταση [279] (32), αλλά η σύγκριση με άλλους σύγχρονους πίνακες που ανακαλύφθηκαν στην

(29)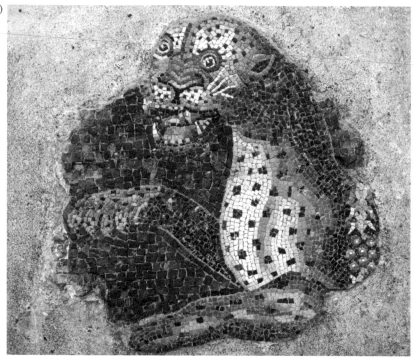

(30)

Ιταλία επέτρεψε να αποκαταστήσουμε την σκηνή: δύο ερωτιδείς κατάφεραν να δέσουν ένα μεγάλο λιοντάρι και παίζουν μαζί του, προτείνοντας ένα πανί μπροστά στα μάτια του (33). Τα χαρούμενα αυτά παιδάκια ανήκουν στον θίασο* του Διονύσου, που τους δίνει τη δύναμη να δαμάσουν, όπως και εκείνος, άγρια ζώα. Χωρίς άμεση σχέση με τον γιο της Αφροδίτης πέρα από την όψη, η εικονογραφία αυτών των ευχάριστων και καλοπροαίρετων μορφών αναπτύσσεται στην Αλεξάνδρεια και σε ολόκληρο τον ελληνορωμαϊκό κόσμο. Συναντάμε αυτούς τους *putti* (ερωτιδείς) σε πολλά σπίτια της Δήλου, σε ψηφιδωτό και σε γραπτές παραστάσεις, όπως στην Οικία των δελφίνων, όπου καταγίνονται με διάφορες δραστηριότητες. Είναι πολυάριθμοι στον διάκοσμο των οικιών της Πομπηίας.

Μια αινιγματική σκηνή με τρεις μορφές, που εικονίζεται σε έναν πολύ μεγάλο πίνακα της οικίας της Συνοικίας των κοσμημάτων [68] (βλέπε 22) πρέπει πιθανότατα να συν-

(33)

δεθεί με τον κόσμο του θεάτρου. Πλαισιωμένος από μια πλούσια γιρλάντα που φέρει δέκα προσωπεία και κεφαλές ταύρων στις γωνίες, ο κεντρικός πίνακας παρουσιάζει ένα σύνθετο πολύχρωμο βάθος πάνω στο οποίο προβάλλει, στο κέντρο, μια γυναίκα με χιτώνα, καθιστή κατ' ενώπιον, με ένα μακρύ κλαδί (34). Στα δεξιά της η Αθηνά, που φορά το κράνος της, είναι όρθια κατ' ενώπιον και κρατά ένα φυτικό στοιχείο στο δεξί της χέρι· με το αριστερό της χέρι κρατά τη λόγχη της και η ασπίδα της είναι ακουμπισμένη στο πλαίσιο της σκηνής. Στην δεξιά πλευρά, αναγνωρίζουμε τον θεό Ερμή από το κηρύκειό του, από τον πέτασό* του που κρέμεται στην πλάτη και από τα φτερωτά σανδάλια του· γυμνός, με την χλαμύδα* του να κρέμεται σε κάθε πλευρά του κορμού του, όρθιος σε κατατομή, απευθύνεται στο κεντρικό πρόσωπο. Πάνω από την καθιστή γυναίκα, διακρίνουμε το ροδόχρωμο οριζόντιο στέλεχος ενός αργαλειού με ένα κουβάρι μαλλί πιο έντονου χρώματος. Πάνω από τον Ερμή, στην άνω δεξιά γωνία της σκηνής, ένας κίονας φέρει έναν τρίποδα πάνω στο στήριγμά του, όπως αυτούς που βλέπουμε στις γλυπτές μετόπες* της ζωφόρου του θεάτρου της Δήλου. Η σκηνή αυτή απεικονίζει το επεισόδιο της Οδύσσειας (Χ, 203-427), κατά τη διάρκεια του οποίου οι σύντροφοι του Οδυσσέα μεταμορφώθηκαν σε ζώα από την μάγισσα Κίρκη με το χτύπημα ενός μακριού ραβδιού, αφού εξαναγκάστηκαν να πιουν ένα κακοποιό μαγικό ποτό. Ο Οδυσσέας πήγε να τους βρει και συνάντησε στο δρόμο τον Ερμή, στον οποίον η θεά Αθηνά είχε αναθέσει να του δώσει ένα φυτό (το *μώλυ*) που θα τον προστάτευε από τα μάγια της Κίρκης. Ο Οδυσσέας δεν εικονίζεται στον πίνακα αυτόν, αλλά

(34)

βλέπουμε την Αθηνά που δίνει το *μώλυ*, τον αγγελιοφόρο της τον Ερμή και την Κίρκη καθιστή με το ραβδί της, κάτω από τον αργαλειό της. Το εικονογραφικό σχήμα ήταν γνωστό· ένας ετρουσκικός καθρέπτης που φυλάσσεται στο Μουσείο Fitzwilliam του Cambridge εικονίζει το ίδιο επεισόδιο: σε μια παρόμοια σύνθεση, η Κίρκη βρίσκεται στο κέντρο, καθισμένη κάτω από τον αργαλειό της, περιστοιχισμένη από τον Οδυσσέα και τον Ελπήνωρα, έναν από τους συντρόφους του, και οι δύο στην ίδια στάση με τον Ερμή. Στο ψηφιδωτό της Δήλου, το πολύχρωμο βάθος της σκηνής είναι αρκετά θολό, τουλάχιστον στη σημερινή του κατάσταση, χωρίς τα ίχνη του χρώματος που πρέπει να ζωντάνευε τη σκηνή, και να έκανε να διακρίνονται καλύτερα ορισμένα στοιχεία.

(35)

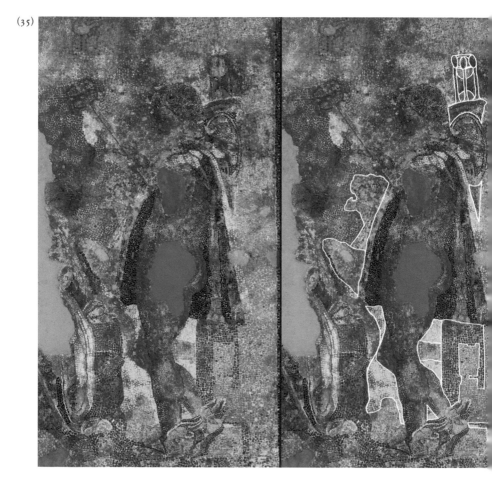

Πρόκειται πιθανότατα για ένα βραχώδες τοπίο, όπως βλέπουμε σε πολλές ζωγραφικές παραστάσεις της Ρώμης ή της περιοχής του Βεζούβιου την ίδια περίοδο ή λίγο αργότερα και των οποίων το πρότυπο προέρχεται από την Αλεξάνδρεια. Στο δεύτερο πλάνο, πίσω από τον Ερμή, διακρίνουμε τις πλευρές ενός μικρού κτηρίου, με μια πόρτα στη λιγότερο φωτισμένη πλάγια πρόσοψη. Ανάμεσα στον θεό και την μάγισσα, πάντα στο δεύτερο πλάνο, μπορούμε να δούμε σε κατατομή τα κεφάλια δύο ζώων που στρέφουν τις μουσούδες τους προς τον ουρανό: όπως και σε άλλες αναπαραστάσεις του ίδιου επεισοδίου, πρόκειται πιθανότατα για τους φυλακισμένους από την Κίρκη συντρόφους, που ο Οδυσσέας θα απελευθερώσει. Ξαναγίνονται άνθρωποι χάρη στην παρέμβαση του ήρωα, τον οποίον βοηθούν η Αθηνά και ο Ερμής (3 5).

Ο μεγάλος αυτός πίνακας (1,83 × 1,37 μ) – η μεγαλύτερη εικονιστική αναπαράσταση του νησιού – κατασκευασμένος με λεπτό *vermiculatum* πρέπει να μετέφερε στο ψηφιδωτό έναν άγνωστο σήμερα ζωγραφικό πίνακα. Πλαισιωμένος από ένα μαρμάρινο πλαίσιο, έπειτα από μια υπέροχη γιρλάντα με κεφαλές ταύρων και προσωπεία από την Νέα Κωμωδία, το δάπεδο πρέπει να έκανε ισχυρή εντύπωση στους φιλοξενούμενους του κυρίου του σπιτιού. Ταύτιζαν χωρίς καμία αμφιβολία το επεισόδιο της Οδύσσειας, το ίδιο και το έργο του Αισχύλου, από το οποίο μόνον ο τίτλος – *Κίρκη* – σώθηκε, ή την κωμωδία την οποίαν ενέπνευσε το επεισόδιο αυτό σε δύο συγγραφείς του 4ου αι. π.Χ.· μπορούσαν όμως όλοι να αναγνωρίσουν τη σκηνή, ή μήπως ήταν το αντικείμενο «υψηλού επιπέδου» συζητήσεων κατά τη διάρκεια του συμποσίου*; Οι συνδαιτημόνες πρέπει να ταυτίζονταν με τον Οδυσσέα, τον πονηρό ήρωα και προστατευόμενο της Αθηνάς, κάτι που τους έδινε αξία. Ανάμεσα σε άλλες σημασίες, η σκηνή μπορούσε επίσης να υπονοεί τους κινδύνους του ποτού, όταν καταναλώνεται χωρίς προσοχή: στα αρχαία ψηφιδωτά των αιθουσών συμποσίου, η επιλογή του θέματος είχε συχνά παιδαγωγικό χαρακτήρα. Θυμίζουμε ότι ο πίνακας του Λυκούργου και της Αμβροσίας προέρχεται από τον όροφο της ίδιας Νησίδας των κοσμημάτων (βλέπε 3 1): οι δύο αυτές σκηνές έχουν τον ίδιο στόχο, δηλαδή την απόδοση τιμής στον Διόνυσο μέσω επεισοδίων της μυθολογίας που πρέπει να ξέρει κανείς να «αποκρυπτογραφήσει».

ΕΠΙΓΡΑΦΕΣ

Λίγα ψηφιδωτά της Δήλου φέρουν επιγραφές: γνωρίζουμε δύο υπογραφές ψηφοθετών [195, 210] (3 6) και πέντε αναθηματικές επιγραφές δαπέδων: δύο ανήκουν στην Αγορά των Ιταλών [16, 25] (3 7), τέσσερεις σε ιερά [190, 194, 195, 204] και μια σε ένα κτήριο κοντά στον ιππόδρομο [102]. Τέλος, δύο σπαράγματα ψηφιδωτών του ορόφου φέρουν μεμονωμένα γράμματα [42, 349].

5)

(37)

Τα ψηφιδωτά της Δήλου

Πώς δούλευαν οι ψηφοθέτες στο νησί της Δήλου;

ΤΕΧΝΙΚΕΣ ΚΑΙ ΥΛΙΚΑ

Οποιαδήποτε και αν είναι η τεχνική, η κατασκευή ενός ανθεκτικού στο χρόνο δαπέδου απαιτεί ένα σταθερό θεμέλιο· για το λόγο αυτόν, στο ισόγειο, ήταν απαραίτητο να το σταθεροποιήσουν με την τοποθέτηση επάλληλων στρώσεων αποτελούμενων από κονίαμα, χώμα και θραύσματα λίθων, ολοένα και πιο λεπτά. Μόνα τα δάπεδα που πατούσαν απευθείας πάνω στο βράχο δε χρειάζονταν τέτοιου είδους θεμέλιο. Η επιφάνεια του δαπέδου που προέκυπτε με τον τρόπο αυτόν έπρεπε στη συνέχεια να εξομαλυνθεί με το πέρασμα λίθινων κυλίνδρων, πολλοί από τους οποίους βρέθηκαν στις οικίες του νησιού για τη συντήρηση των χωμάτινων δαπέδων. Στη συνέχεια έριχναν μια στρώση λεπτόκοκκου κονιάματος στην ομαλή πλέον επιφάνεια και μπορούσε να ξεκινήσει η κατασκευή του καθαυτό ψηφιδωτού. Αρχικά έπρεπε να χαραχθούν οι κύριες γραμμές, τα περιγράμματα του τάπητα, κανονικού σχήματος, σε αντίθεση με την κάτοψη της αίθουσας, στη συνέχεια τα όρια των τμημάτων του πλαισίου και των ενδεχόμενων πινάκων και/ή του τάπητα του κατωφλιού. Η τοποθέτηση αυτών των κατευθυντήριων γραμμών γινόταν με τη βοήθεια σπάγκων, μερικές φορές αλειμμένων με χρωστικές ουσίες, οι οποίοι, αφού στερεώνονταν στις άκρες, πιάνονταν με τα ακροδάχτυλα, ανασηκώνονταν και στη συνέχεια ελευθερώνονταν, αφήνοντας έτσι το αποτύπωμα των γραμμών στην επιφάνεια του κονιάματος. Στο νωπό ακόμα κονίαμα, συνήθιζαν να στερεώνουν φύλλα μολύβδου σύμφωνα με τα περιγράμματα των κύριων τμημάτων του δαπέδου: τα φύλλα αυτά, που είχαν ύψος 2 εκατοστών περίπου και ξεπερνούσαν την επιφάνεια κατά μερικά χιλιοστά, χρησίμευαν ως οδηγοί για την τοποθέτηση των ψηφίδων στην τελευταία στρώση λεπτόκοκκου κονιάματος (κονίαμα τοποθέτησης) που έριχναν όσο προχωρούσε η εργασία, για να στερεώσουν τις ψηφίδες ή τα θραύσματα, που είχαν προηγουμένων κοπεί και καταγεί ανά χρώμα.

Άλλα φύλλα μολύβδου, συχνά λεπτότερα, συνέβαλλαν στην εκτέλεση του διακόσμου. Είναι βέβαιο ότι τα προσχέδια των σκηνών και τα εικονιστικά μοτίβα σχεδιάζονταν στην επιφάνεια του κονιάματος πριν από την τοποθέτηση των ψηφίδων. Τα προπαρασκευαστικά αυτά σχέδια ήταν μόνο χαραγμένα στο κονίαμα ή εν μέρει χρωματισμένα; Μέχρι σήμερα κανένα τέτοιο σχέδιο δεν ανακαλύφθηκε κάτω από τις εικονιστικές σκηνές των ψηφιδωτών της Δήλου αλλά η παρουσία τους είναι πολύ πιθανή. Σε αντίθεση με την πρακτική που διαπιστώνεται στα βοτσαλωτά ψηφιδωτά, τα φύλλα μολύβδου λίγο χρησιμοποιούνται στον εικονιστικό διάκοσμο με την τεχνική του *opus tessellatum*: διαπιστώνουμε ωστόσο την παρουσία τους στο περίγραμμα του κλαδιού φοίνικα και του στεφανιού στον πίνακα με τα έπαθλα της Αγοράς των Ιταλών [25], ή σε δελφίνια, με ή χωρίς άγκυρα [217, 228, 261]. Ομοίως, τα φύλλα αυτά σπάνια χρησιμοποιούνται στον φυτικό διάκοσμο, η εκτέλεση του οποίου συγγενεύει με εκείνη του εικονογραφικού διακόσμου· τα βρίσκουμε ωστόσο κατά μήκος των περιγραμμάτων των στροβιλιζόμενων πετάλων των δύο ανθέμων του δαπέδου με τον αμφορέα της Οικίας των προσωπείων [217]. Αντιθέτως, διαπιστώνουμε εκτεταμένη χρήση των φύλλων μολύβδου για τον σχεδιασμό των στοιχείων του γεωμετρικού διακόσμου. Πλαισιώνουν έτσι τις περιελίξεις των σπειροκυμάτων (38), μοτίβο φαινομενικά απλό αλλά σύνθετο στην εκτέλεση με τη χρήση κανόνα, γνώμονα και διαβήτη, των συνηθισμένων εργαλείων του τεχνίτη, καθώς έπρεπε να γίνει σεβαστή η κανονική χάραξη των ελίκων· δεν είναι τυχαίο λοιπόν που βρέθηκαν σε δύο συνοικίες της Δήλου «πατρόν», δηλαδή κομμένες πλάκες μολύβδου των οποίων αρκούσε να ακολουθήσει κανείς το περίγραμμα με τη βοήθεια μιας αιχμής για να σχεδιάσει μια περιέλιξη του μοτίβου στο νωπό ακόμη κονίαμα (39). Καθένα από τα πατρόν, διαφορετικού μεγέθους, αντιστοιχούσε σε ένα συγκεκριμένο πλάτος ζώνης και σε ένα μόνο σπειρόκυμα, και αρκούσε να επαναληφθεί η διαδικασία για να επαναληφθεί το στοιχείο σε όλο το μήκος της ζώνης που έπρεπε να καλυφθεί· μπορούσε κανείς να αντιστρέψει το πατρόν για να αλλάξει τον προσανατολισμό του μοτίβου, πράγμα που οι ψηφοθέτες έκαναν συχνά, όπως στην Οικία των προσωπείων [214, 215, 216]. Μαζί με άλλες ενδείξεις, η παρουσία αυτών των πατρόν στα σπίτια δείχνει ότι

(38)

(39)

τα σπίτια βρίσκονταν σε διαδικασία ανακαίνισης τη στιγμή της καταστροφής τους. Αυτά τα φύλλα μολύβδου χρησίμευαν επίσης στο σχεδιασμό των περιγραμμάτων των τρισδιάστατων κύβων, του αστραγάλου, των επικαλυπτόμενων φύλλων, των πλοχμών κλπ. Είναι σχεδόν πανταχού παρόντα στις γραμμικές συνθέσεις ή στις επιφάνειες με μαιάνδρους με τρισδιάστατες σβάστικες και τετράγωνα, όπου δείξαμε ότι από έναν λεπτό κάναβο χαραγμένο στην επιφάνεια του κονιάματος σχεδιάστηκαν όλα τα ευθύγραμμα και καμπυλόγραμμα περιγράμματα που ήταν απαραίτητα για την απόδοση του μοτίβου: μετά από την τοποθέτησή τους, αυτά τα φύλλα όριζαν τα σημεία που έπρεπε να γεμίσουν με κονίαμα πριν από την τοποθέτηση έγχρωμων ψηφίδων για καθένα από τα κομμάτια του ψηφιδωτού. Μόνο ο μαίανδρος με τις τρισδιάστατες σβάστικες και τετράγωνα του δαπέδου των δελφινιών [210] πραγματοποιήθηκε χωρίς φύλλα μολύβδου αλλά πρόκειται για κυκλική σύνθεση (βλέπε 19)· ο ψηφοθέτης τα χρησιμοποίησε μόνο για να ορίσει τις ταινίες που βρίσκονται στο εξωτερικό του πίνακα. Η τελειότητα της απόδοσης των μοτίβων αυτών υπό δύσκολες συνθήκες είναι μια ακόμη απόδειξη της ικανότητας του δημιουργού αυτού του εξαιρετικού δαπέδου.

ΤΟ ΧΡΩΜΑ ΤΩΝ ΨΗΦΙΔΩΤΩΝ

Τα δάπεδα της Δήλου διαθέτουν τουλάχιστον δύο χρώματα που αποδίδονται με μαύρες ή λευκές λίθινες ψηφίδες· όταν έχουν τρία χρώματα, διαπιστώνουμε την παρουσία ερυθρών πήλινων ψηφίδων. Ωστόσο, είτε πρόκειται να αντιγράψουν την μνημειώδη ζωγραφική – μια από τις μεγάλες τέχνες της εποχής –, να ενισχύσουν την ρεαλιστική απόδοση των αναπαραστάσεων, ή να εμπλουτίσουν το γεωμετρικό διάκοσμο, οι ψηφοθέτες διεύρυναν αυτήν την γκάμα στα πιο πολυτελή δάπεδα. Η εξωτερική πολυχρωμία των ελληνικών μνημείων παρατηρήθηκε και αναπαραστάθηκε ήδη από τα τέλη του 18ου αι., ενώ η πολυχρωμία της γλυπτικής αναγνωρίστηκε πιο πρόσφατα. Ο Πλίνιος ο πρεσβύτερος (Φυσική ιστορία, XXXV, 50) μας πληροφορεί ότι οι ονομαστοί ζωγράφοι περιορίζονταν αρχικά στη χρήση τεσσάρων χρωμάτων (μαύρου, λευκού, ερυθρού, κίτρινου)· υιοθέτησαν στη συνέχεια περισσότερους και πιο λαμπερούς χρωματικούς τόνους, το αργότερο στον 4ο αι. π.Χ. Στα πρώτα ψηφιδωτά, φτιαγμένα με βότσαλα, ένα υλικό χωρίς έντονο χρώμα και στρογγυλεμένο, άρα με κακή συναρμογή, εισάγουν τεχνητά υλικά, φύλλα μολύβδου για να χαράξουν λεπτές γραμμές κατά μίμηση των γραφικών τεχνών και, κατ' εξαίρεση στην Πέλλα, χάντρες από φαγεντιανή στα φύλλα ανοιχτού πράσινου χρώματος του στεφανιού του Διονύσου. Έπειτα, για να μιμηθούν και να ανταγωνιστούν τη ζωγραφική, την πολυχρωμία και την ιλουζιονιστική τεχνοτροπία της αποτελούμενη από λεπτά διαβαθμισμένους χρωματικούς τόνους, οι ψηφοθέτες έκοψαν τα στοιχεία – τις ψηφίδες – για να τα κάνουν να ενώνονται καλύτερα και υιοθέτησαν νέα τεχνητά υλικά ως συμπλήρωμα στην χρωματική παλέτα των φυσικών λίθων.

Χρησιμοποίησαν έτσι γυάλινες ψηφίδες για το έντονο ερυθρό και κίτρινο χρώμα, για το σκούρο κυανό, για το ανοιχτό κυανό, το έντονο πράσινο και για το βιολετί, καθώς και λεπτές ψηφίδες από φαγεντιανή για το γαλάζιο, το ανοιχτό πράσινο και για ορισμένα γκρι. Ζωντάνεψαν επίσης τα χρώματα των λίθινων ψηφίδων με μια στρώση χρώματος, όπως έκαναν την ίδια περίοδο σε ορισμένα αρχιτεκτονικά στοιχεία ή σε αγάλματα. Εξάλλου, για να μειώσουν την αίσθηση της ασυνέχειας, που είναι ωστόσο εγγενής στο ψηφιδωτό, χρωμάτισαν το κονίαμα στον τόνο των γειτονικών ψηφίδων, είτε με την προσθήκη χρωστικών ουσιών στο ίδιο το κονίαμα, είτε με την εφαρμογή ενός στρώματος χρώματος σε ολόκληρη την περιοχή που επρόκειτο να χρωματιστεί. Σε ορισμένα σπαράγματα ορόφου που φυλάσσονται στις αποθήκες του μουσείου της Δήλου, η προσθήκη αυτή χρώματος παραμένει πολύ καλά ορατή, όπως σε αυτά που προέρχονται από την Οικία των φούρνων (40)· τις περισσότερες φορές όμως το χρώμα ξεθώριασε ή χάθηκε. Μια όμοια αλλοίωση παρατηρείται στις ψηφίδες από γυαλί και φαγεντιανή, υλικά πιο ασταθή από τον λίθο. Έτσι, το χρώμα ορισμένων γυάλινων ψηφίδων άλλαξε ή οι ψηφίδες δε βρίσκονται πια στην αρχική τους θέση, καθώς το συνδετικό κονίαμα εισχώρησε ελάχιστα στο γυαλί. Τέλος, η επιφανειακή εφυάλωση της φαγεντιανής χάθηκε πολλές φορές μαζί με το χρώμα της, ενώ το μόνο που διατηρείται είναι η κιτρινωπή μάζα, όπως βλέπουμε για παράδειγμα στο κυανό ένδυμα της Αμβροσίας (41). Δεν είναι λοιπόν εύκολο να διαπιστώσουμε την έκταση της γκάμας των χρωμάτων που χρησιμοποιείτο και τη ζωντάνια των χρωμάτων των δαπέδων. Η εξέταση των τεχνητών υλικών – γυαλί και φαγεντιανή – των οποίων γνωρίζουμε τη διαδικασία και τα διάφορα στάδια αλλοίωσης αναλόγως με τη σύστασή τους επέτρεψε να εγκαινιάσουμε αυτήν την έρευνα, ως συμπλήρωμα των παλιών σχεδίων που έγιναν με υδατογραφία λίγο μετά από την ανακάλυψη των δαπέδων. Έτσι, για τη γιρλάντα με τα προσωπεία του ψηφιδωτού της Νησίδας των κοσμημάτων [68], προχωρήσαμε κατά βάση με την εξέταση των υλικών (42)· το ίδιο κάναμε για τον πίνακα του Διονύσου της Οικίας των προσωπείων [214], με τη βοήθεια μιας παλιάς υδατογραφίας (43). Η φωτογραφική εξέταση με υπέρυθρη ακτινοβολία (VIL) επιτρέπει τον εντοπισμό των ιχνών χρώματος που κατασκευάστηκε με βάση το αιγυπτιακό γαλάζιο, τεχνητή χρωστική ουσία γνωστή ήδη από την 3η χιλιετία στην Αίγυπτο και στην Ανατολή και ευρύτατα χρησιμοποιούμενη από τους ζωγράφους στον ελληνορωμαϊκό κόσμο. Εύκολα διαπιστώνουμε την παρουσία του αιγυπτιακού γαλάζιου στο πτηνό που κουρνιάζει στο άνθεμο της Οικίας των τριτώνων [79]: ενώ η επιφάνεια των ψηφίδων από φαγεντιανή έχει φθαρεί, μπορούμε να αποκαταστήσουμε το κυανό τους χρώμα από τους αρμούς, που είναι χρωματισμένοι με αιγυπτιακό γαλά-

(40)

(41)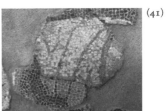

(42)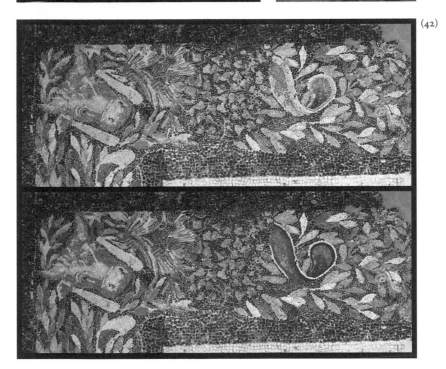

(43)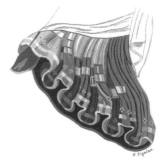

Πώς δούλευαν οι ψηφοθέτες στο νησί της Δήλου;

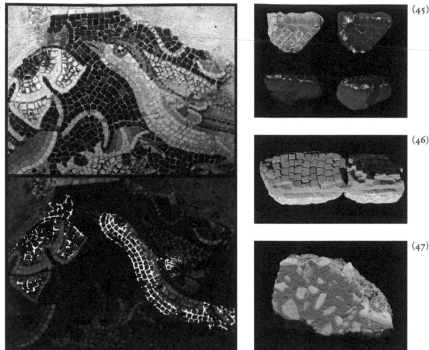

ζιο, όπως το επιβεβαιώνει η υπέρυθρη φωτογράφηση (44). Ορισμένα ίχνη αυτού του χρώματος σώζονται στον πίνακα του Διονύσου της ομώνυμης οικίας [293]· η παρουσία του, που είναι σήμερα δύσκολα ορατή με γυμνό μάτι, φαίνεται στις υδατογραφίες του Albert Gabriel και του Marcel Bulard, και επιβεβαιώνεται από τη φωτογράφηση με υπέρυθρη ακτινοβολία.

Αυτή η μη επεμβατική μέθοδος φωτογραφικής εξέτασης επιτρέπει επίσης να διακρίνουμε τις περιπτώσεις κατά τις οποίες ο χρωματισμός με βάση το αιγυπτιακό γαλάζιο εφαρμόστηκε πάνω στις ψηφίδες επί τόπου, από εκείνες κατά τις οποίες η κονιορτοποιημένη χρωστική ουσία αναμείχθηκε με το κονίαμα τοποθέτησης των ψηφίδων (45). Η προσθήκη χρωστικών ουσιών στο κονίαμα τοποθέτησης επέτρεπε ταυτόχρονα να φτάσει το χρώμα στους αρμούς μεταξύ των ψηφίδων και να εμπλουτιστεί το προπαρασκευαστικό σχέδιο με την ένδειξη της θέσης των χρωμάτων.

Ήταν δυνατόν να χρωματίσουν το κονίαμα των δαπέδων ερυθρό, προσθέτοντας σκόνη από κεραμεική (κάτι που το έκανε περισσότερο αδιάβροχο) ή χρωστικές ουσίες ερυθράς ώχρας για να ζωντανέψουν το χρώμα. Υπήρχαν έτσι δάπεδα από κονίαμα με έντονο ρόδινο ή ερυθρό χρώμα, ή ακόμη ψηφιδωτά με την τεχνική του *tessellatum* τα στοιχεία των οποίων ήταν στερεωμένα σε ένα έντονο ροδόχρωμο κονίαμα, όπως στην Οικία των τριτώνων [78] (46). Πολύ συχνά, μετά από το τρίψιμο των λίθων, τα δάπεδα από θραύσματα μαρμάρου καλύπτονταν επιφανειακά με ερυθρό κονίαμα (47). Τα δάπεδα των οικιών της Δήλου ήταν πιο χρωματιστά από όσο φαίνεται σήμερα [72] (48). Από που προέρχονταν όμως τα απαραίτητα για την κατασκευή των ψηφίδων υλικά ή για τα μικρά στοιχεία που συνέθεταν το *opus vermiculatum*; Στη μεγάλη πλειοψηφία τους, οι λίθοι που χρησιμοποιούνταν στα δάπεδα προέρχονταν από τις Κυκλάδες, ηφαιστειογενή περιοχή πλούσια σε διαφόρων ειδών και χρωμάτων ορυκτά. Από που προμηθεύονταν τεχνητά υλικά οι ψηφοθέτες; Το νησί δεν διέθετε εργαστήριο κατασκευής πρώτων υλών, αλλά μαρτυρούνται εργαστήρια όπου το γυαλί υπόκειτο σε επεξεργασία για την παραγωγή επιτραπέζιων σκευών και κοσμημάτων. Τα εργαστήρια αυτά μπορούσαν να εφοδιάσουν τους ψηφοθέτες με νήματα ή με ράβδους έγχρωμου γυαλιού για το κόψιμο των ψηφίδων. Στην ελληνιστική περίοδο, η φαγεντιανή φαίνεται ότι κατασκευαζόταν μόνο στην Αίγυπτο, από όπου οι ψηφοθέτες πρέπει να έφερναν μικρές πλάκες από τις οποίες έκοβαν τις ψηφίδες. Υπάρχουν άφθονες μαρτυρίες για αυτό το εμπόριο αντικειμένων από φαγεντιανή, ιδιαίτερα στη Δήλο· η εισαγωγή μικρών πλακών δεν πρέπει λοιπόν να αποτελούσε πρόβλημα, όπως και η προμήθεια φυσικών (ώχρα, πράσινη γη, κίτρινη σανδαράχη*) ή τεχνητών (αιγυπτιακό γαλάζιο) χρωστικών ουσιών, που χρησιμοποιούνταν πολύ από τους ζωγράφους.

ΠΟΥ ΔΟΥΛ[

Αντίθετα με
ταστάσεις, τ
τεχνιτών, κι
ρικό των κτ
που καται
πολλά ερ
παραγγε[
στο νησ[
Ασκλητ
Οι ψητ
την π[(51)
το κο[
για \
ακό[
(βλ
κα[
σε
φ[
ν
[

Τα ψηφιδωτά της Δήλου

Μπορούμε να μιλήσουμε για δηλιακή τεχνοτροπία των ψηφιδωτών;

Είναι βέβαιο ότι ορισμένα ψηφιδωτά της Δήλου έχουν κοινά χαρακτηριστικά. Μπορούμε όμως να κάνουμε λόγο για δηλιακό στυλ, όπως γίνεται μερικές φορές; Το στυλ αυτό ήταν γνώρισμα των Δηλίων ψηφοθετών ή πρόκειται για την τεχνοτροπία της εποχής; Παρόμοια δάπεδα βρίσκονται κυρίως στη Σάμο, τη Ρόδο και την Πάρο. Ωστόσο, οι συγκρίσεις με τα σύγχρονα ψηφιδωτά είναι δύσκολες εξαιτίας της τεράστιας αναλογίας των ψηφιδωτών της Δήλου στο σύνολο των γνωστών ψηφιδωτών της ίδιας περιόδου. Στη μελέτη των ελληνιστικών ψηφιδωτών η Δήλος διαδραματίζει τον ίδιο ρόλο που παίζει η Πομπηία στη μελέτη των τοιχογραφιών, χάρη στην εξαιρετική κατάσταση διατήρησης των μνημείων και στις δύο περιπτώσεις.

Μπορούμε ωστόσο να διαπιστώσουμε ομοιότητες ανάμεσα στη διακόσμηση των δαπέδων της Δήλου και σε αυτήν των εσωτερικών όψεων των τοίχων των οικιών. Σημειώσαμε ότι στα δάπεδα οι ψηφοθέτες τοποθετούσαν εναλλάξ μονόχρωμες και πολύχρωμες ζώνες, δισδιάστατο και τρισδιάστατο διάκοσμο. Αυτός ο ρυθμός των δαπέδων βρίσκεται, στις ίδιες οικίες αλλά και στα ίδια δωμάτια, και στις κάθετες παρειές των τοίχων δομικού (ή αρχιτεκτονικού) στυλ, που ήταν ζωγραφιστές και μερικές φορές επιχρισμένες με κονίαμα: οι παρειές παρουσιάζουν μια εναλλαγή επίπεδων ζωνών ή ζωνών με κυμάτια, μονόχρωμων ή με γεωμετρικό, φυτικό και, μερικές φορές, εικονιστικό διάκοσμο, που αποδίδεται με λίγο έως πολύ ιλουζιονιστικό τρόπο. Οι έρευνες της Françoise Alabe έδειξαν, για την Οικία των σφραγισμάτων και για την Οικία του ξίφους (59D) στη βόρεια συνοικία του νησιού, ότι το ίδιο διακοσμητικό λεξιλόγιο χρησιμοποιείτο και στον γραπτό διάκοσμο των οροφών. Άλλωστε, η εισαγωγή της εικονιστικής ή φυτικής ζωφόρου στον δομικού τύπου διάκοσμο των παρειών διαδραματίζει τον ίδιο ρόλο με αυτόν των πινάκων ή των εικονιστικών ζωνών στα δάπεδα. Υπήρχε πράγματι λοιπόν μια κάποια στυλιστική ενότητα στο διάκοσμο των δωματίων. Την ενότητα αυτήν μπορούμε να την διαπιστώσουμε στη Δήλο περισσότερο από ό,τι σε άλλους τόπους την ίδια περίοδο, καθώς οι οικίες τους σώζονται σε πολύ χειρότερη κατάσταση σε σχέση με αυτές της Δήλου. Εδώ και μερικές δεκαετίες, γνωρίζουμε καλύτερα τη ζωγραφική του δομικού στυλ του ανατολικού τμήματος του ελληνικού κόσμου και διαπιστώνουμε ότι διαθέτει τα ίδια χαρακτηριστικά, χωρίς να μπορούμε να υποστηρίξουμε ότι η Δήλος διαδραμάτισε έναν ιδιαίτερο ρόλο στη δημιουργία αυτού του τύπου διακόσμου των τοίχων, που αναπτύσσεται στην Ελλάδα ήδη από την αρχή του 4ου αι. Είναι λοιπόν πολύ πιθανόν ότι συνέβαινε το ίδιο για τα ψηφιδωτά και η ταχεία ανάπτυξη της πόλης πρέπει να συνέβαλε στον συναγωνισμό μεταξύ των παραγγελιοδοτών που μπορούσαν να δουν τις πρόσφατα κτισμένες και διακοσμημένες οικίες των γειτόνων τους.

Πράγματι, παρά την ταχεία ανάπτυξή του, το νησί δεν αποτελούσε κέντρο καλλιτεχνικής δημιουργίας όπως οι πρωτεύουσες των βασιλείων της κοινής*, πρωτίστως η Αλεξάνδρεια, αλλά και η Πέργαμος και οπωσδήποτε η Αντιόχεια, τα ελληνιστικά δάπεδα της οποίας δεν είναι γνωστά. Οι ψηφοθέτες που εργάζονταν στη Δήλο πρέπει να ακολούθησαν τις εξελίξεις αυτής της τέχνης πολυτελείας, οικειοποιούμενοι τις τεχνικές διαδικασίες και τα εικονογραφικά σχήματα ή τα μοντέλα διακόσμου που προέρχονταν από σημαντικότερα κέντρα καλλιτεχνικής δημιουργίας. Ο Jean Marcadé είχε αναφέρει την Αλεξάνδρεια ως τόπο προέλευσης του *εμβλήματος* με τον Διόνυσο της Οικίας των προσωπείων [214]· είναι βέβαιο ότι το εικονιστικό και ιλουζιονιστικό ρεύμα αναπτύχθηκε εκεί ήδη από τα τέλη του 3ου αι. π.Χ. Θα μπορούσαμε όμως να δούμε μια ιταλική επίδραση στους τάπητες με μαύρο βάθος, όπως εκείνους της Οικίας των σφραγισμάτων [81], της Νησίδας των χαλκών [59], της Οικίας με τον μοναδικό κίονα [179], ή ακόμα της λεγόμενης Οικίας του Φιλόστρατου από την Ασκάλωνα [196], μέσα στην οποία ένα άγαλμα τιμούσε τον σημαντικό αυτόν τραπεζίτη της Δήλου που γεννήθηκε στη Φοινίκη και έγινε πολίτης της Νεάπολης.

Όπως κι αν έχει, είναι βέβαιο ότι οι ψηφοθέτες της Δήλου επέδειξαν και πρωτοτυπία. Έτσι, πέρα από το εικονιστικό στυλ που έδινε την πρωτοκαθεδρία στα παιχνίδια του φωτός σε

(52)

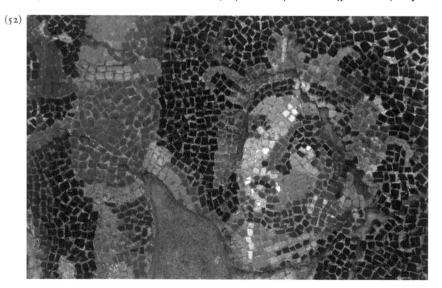

σκοτεινό βάθος, [69] (52) και στον ιλουζιονισμό των μοτίβων που έδιναν την εντύπωση της τρίτης διάστασης μέσω της πολυχρωμίας, φιλοτέχνησαν δισδιάστατες μορφές σε λευκό βάθος, με τρόπο γραφικό, σαν σύμβολα, όπως η τρίαινα με την κορδέλα και το δελφίνι στην άγκυρα στην Οικία της Τρίαινας [228] (53 και 54). Αυτός ο τρόπος ανα-παράστασης θα αναπτυχθεί στη Δύση κατά τη διάρκεια της αυτοκρατορικής περιόδου.

Πάντοτε σύμφωνα με το ιλουζιονιστικό ρεύμα, οι ψηφοθέτες της Δήλου απέδωσαν την προβολή μιας οροφής με σκαλιστά φατνώματα στο δάπεδο του *œcus* της Οικίας των τριτώνων [75] (55): αναγνωρίζουμε την επιθυμία της μίμησης της αρχιτεκτονικής στη λεπτή ζώνη των γεισιπόδων που πλαισιώνει τον κύριο τάπητα, με τους δύο τετράγωνους πίνακες πλαισιωμένους με ωά και λόγχες που τονίζουν την «υποχώρησή» τους σε σχέση με το πλάνο της οροφής/δαπέδου και στην απόδοση των μορφών με μαύρο, γκρίζο και λευκό χρώμα, που αποδίδει με τις σκιές το λίθινο ανάγλυφο του φατνώματος με μαύρο βάθος. Στον σωζόμενο πίνακα, μια τριτωνίδα πλέει κρατώντας ένα πηδάλιο με ταινία, υπό την καθοδήγηση ενός Έρωτα (56). Μόνο η κορδέλα προσθέτει ένα ίχνος σκούρου ερυθρού χρώματος. Είναι πιθανό ότι ο άλλος πίνακας, που αφαιρέθηκε κατά την αρχαιότητα, εικόνιζε έναν τρίτωνα: είχαμε εδώ, σε δύο πίνακες, την ερωτική συνάντηση δύο υβριδικών θαλάσσιων μορφών. Περισσότερο από την αρχαϊστική επιθυμία μίμησης των βοτσαλωτών ψηφιδωτών όπως γράφτηκε, πρέπει να δούμε στο δάπεδο αυτό μια εξεζητημένη έκφραση του ιλουζιονιστικού ρεύματος που ωθεί ζωγράφους και ψηφοθέτες του 2ου και του 1ου αι. π.Χ. να αναπαράξουν σε μια αναγκαστικά επίπεδη επιφάνεια αρχιτεκτονικά στοιχεία που έχουν φυσιολογικά τρεις διαστάσεις· και η προβολή στο έδαφος ενός συστήματος στέγασης (οροφής ή θόλου) θα γίνει ένα διακοσμητικό σχήμα που μαρτυρείται στα ψηφιδωτά της αυτοκρατορικής εποχής.

Τέλος, το πολύ μεγάλο δάπεδο του *impluvium* της Οικίας του Διαδούμενου [86] αποτελείται από μεγάλα κομμένα βύσαλα που εναλλάσσονται με πολύχρωμα θραύσματα λίθων (57). Τη στιγμή της καταστροφής της οικίας, το δάπεδο ήταν υπό κατασκευή ή υπό ανακαίνιση: τα θραύσματα λίθων και τα κομμάτια των βοτσάλων δεν ήταν τριμμένα και οι ανασκαφές της Εφορείας Αρχαιοτήτων Κυκλάδων έφεραν στο φως χρωματιστούς λίθους έτοιμους να χρησιμοποιηθούν στο δάπεδο· ανάμεσα σε αυτούς τους λίθους με τη μεγάλη ποικιλία αναγνωρίζουμε θραύσματα οψιανού, του φυσικού αυτού γυαλιού μαύρου χρώματος που απαντά στις Κυκλάδες. Προερχόμενο πιθανότατα από την κατάρρευση του ίδιου αρχιτεκτονικού συνόλου, ένα δάπεδο ορόφου αποτελείτο από θραύσματα των ίδιων λίθων με τα διάφορα χρώματα, στερεωμένων σε λευκό κονίαμα. Όπως στα μεγάλα κέντρα της κοινής, οι ψηφοθέτες της Δήλου πειραματίστηκαν με τεχνικές και υλικά, σε διάφορους συνδυασμούς, ανάλογα με τον διάκοσμο, τη χρήση των δωματίων και τη θέση τους στο ισόγειο και στον όροφο.

Τα ψηφιδωτά της Δήλου δε μας μαθαίνουν πολλά πράγματα για την καταγωγή των παραγγελιοδοτών τους, οι οποίοι ωστόσο ήρθαν από πολύ διαφορετικές περιοχές κατά τη διάρκεια

(53)

(54)

Τα ψηφιδωτά της Δήλου

Μπορούμε να μιλήσουμε για δηλιακή τεχνοτροπία των ψηφιδωτών;

Λεξικό

Αστράγαλος: μοτίβο στο οποίο εναλλάσσονται οριζόντιες στρογγυλές ή ωοειδείς χάντρες με κάθετες ωοειδείς ή ρομβοειδείς χάντρες.

Αυλός: πνευστό μουσικό όργανο αποτελούμενο από δύο σωλήνες.

Γεισίποδες: κάτω από το ιωνικό γείσο, προεξέχοντα τετραγωνικά στοιχεία: αυτό το γλυπτό αρχιτεκτονικό μοτίβο αναπαρήχθη με ιλουζιονιστικό τρόπο στα ψηφιδωτά και στα έργα ζωγραφικής.

Δίφρος: άρμα αποτελούμενο από δύο ζώα (άλογα, δελφίνια, κλπ.).

Ηνίοχος: οδηγός άρματος.

Θίασος: ακολουθία του Διονύσου: οι μαινάδες, οι σάτυροι, οι σιληνοί.

Θύρσος: ραβδί που καταλήγει σε κουκουνάρι ή σε μπουκέτο από φύλλα, με μια δεμένη και μερικές φορές διακοσμημένη ταινία. Χαρακτηριστικό γνώρισμα του Διονύσου και των μελών του θιάσου του.

Κάνθαρος: αγγείο πόσης, με υψηλές λαβές, μεταλλικό ή πήλινο.

Κηρύκειο: ραβδί γύρω από το οποίο τυλίγονται φίδια, γνώρισμα του Ερμή και του Ασκληπιού, του θεραπευτή θεού.

Κίτρινη σανδαράχη: θειούχος ένωση αρσενικού, έντονη κίτρινη χρωστική ουσία μεταλλικής προέλευσης που χρησιμοποιείται κυρίως στην ζωγραφική.

Κοινή: κοινός πολιτισμικός χώρος των Ελλήνων, που επεκτάθηκε πολύ μετά από τις κατακτήσεις του Αλεξάνδρου.

Κόρυμβος: καρπός του κισσού, ενός από τα φυτά του Διονύσου.

Κρατήρας: πήλινο ή μεταλλικό αγγείο μέσα στο οποίο αναμείγνυαν το κρασί και το νερό, και από όπου αντλούσαν το ποτό για καθέναν από τους συνδαιτημόνες.

Μετόπη: στην δωρική ζωφόρο, ορθογώνια πλάκα, διακοσμημένη ή όχι, ανάμεσα στα τρίγλυφα.

Παναθηναϊκός αμφορέας: αμφορέας, συχνά συσχετιζόμενος με ένα κλαδί φοίνικα, που αποτελεί έπαθλο για νικητές αγώνων (κυρίως κατά την εορτή των Παναθηναίων στην Αθήνα).

Περιστύλιο: σύνολο στοών που αναπτύσσονται σε τέσσερεις και μερικές φορές τρεις πλευρές της αυλής. Στο **ροδιακό περιστύλιο** μια πλευρά είναι ψηλότερη από τις άλλες, προσφέροντας περισσότερο φως στις μεγάλες αίθουσες επίδειξης που βρίσκονται πίσω της.

Πέτασος: πλατύγυρο καπέλο για τους ταξιδιώτες, χαρακτηριστικό γνώρισμα του Ερμή.

Σάτυροι: δαίμονες της φύσης, που αναπαρίστανται ως άνθρωποι με ιδιαιτερότητες ζώων.

Σιληνοί: γενική ονομασία των γέρων σατύρων* είναι επίσης το όνομα ενός από αυτούς, που ανέθρεψε τον Διόνυσο.

Συμπόσιον: δεύτερο μέρος του δείπνου, αφιερωμένο στο ποτό.

Τρόχιλος: κυρτό οριζόντιο κυμάτιο, που χρησιμοποιείται στην αρχιτεκτονική και μεταφέρθηκε με ιλουζιονιστικό τρόπο στο ψηφιδωτό και στη ζωγραφική.

Τύμπανο: κρουστό μουσικό όργανο που κρατούν ο Διόνυσος καθώς και τα μέλη του θιάσου του.

Χλαμύδα: είδος μανδύα, που στερεώνεται γύρω από το λαιμό και χρησίμευε ως πανωφόρι για τους άνδρες.

Ωά και λόγχες: μοτίβο σε σχήμα μισού αυγού, με τη μύτη προς τα κάτω, που εναλλάσσεται με λόγχες· αυτό το γλυπτό αρχιτεκτονικό μοτίβο αναπαρήχθη με ιλουζιονιστικό τρόπο στα ψηφιδωτά και στα έργα ζωγραφικής.

Impluvium : υπαίθριο τμήμα στο κέντρο της αυλής, που επέτρεπε τη συλλογή του νερού της βροχής για να αποθηκευτούν στη δεξαμενή που βρισκόταν από κάτω. Το δάπεδο του *impluvium* έχει αδιάβροχο κάλυμμα, ψηφιδωτό ή πλακόστρωτο.

Œcus : αίθουσα επίδειξης, σαλόνι, αίθουσα υποδοχής της οικίας, που χρησιμεύει κυρίως σε συμπόσια. Ορισμένες κατοικίες είχαν περισσότερους του ενός *œci*, στον *œcus maior* προστίθεται ένας *œcus minor*, μικρότερων διαστάσεων.

Για εμβάθυνση

P. ASIMAKOPOULOU-ATZAKA, *Ψηφιδωτά δάπεδα: προσέγγιση στην τέχνη του αρχαίου ψηφιδωτού: έξι και ένα κείμενα* (2019).

Ph. BRUNEAU, *EAD* XXIX. *Les mosaïques* (1972).

Ph. BRUNEAU, *Études d'archéologie délienne*, BCH Suppl. 47 (2006).

Ph. BRUNEAU, J. DUCAT, *Guide de Délos*, 4ᵉ éd., Sitmon 1 (2005).

M. BULARD, *Peintures murales et mosaïques de Délos*, Mon. Piot 14 (1908).

J. CHAMONARD, *EAD* VIII. *Le quartier du théâtre* (1922-1924).

J. CHAMONARD, *EAD* XIV. *Les mosaïques de la Maison des masques* (1933).

K. M. D. DUNBABIN, *Mosaics of the Greek and Roman World* (1999).

R. GINOUVÈS, R. MARTIN, *Dictionnaire méthodique de l'architecture grecque et romaine*, I : *Matériaux, techniques de construction, techniques du décor*, dictionnaire multilingue (1985).

A.-M. GUIMIER-SORBETS, « Dionysos dans la maison grecque : iconographie des mosaïques des IIᵉ et Iᵉʳ siècles avant J.-C. », in *O Mosaico romano nos centros e nas periferias: originalidades, influências e identidades* (2011), p. 175-188.

A.-M. GUIMIER-SORBETS, *Mosaïques d'Alexandrie, pavements d'Égypte grecque et romaine*, Antiquités alexandrines 3 (2019) ; *Mosaics of Alexandria: Pavements of Greek and Roman Egypt* (2021).

A.-M. GUIMIER-SORBETS, M.-D. NENNA, « L'emploi du verre, de la faïence et de la peinture dans les mosaïques de Délos », *BCH* 116.2, 1992, p. 607-631.

A.-M. GUIMIER-SORBETS, M.-D. NENNA, « Réflexions sur les couleurs dans les mosaïques hellénistiques : Délos et Alexandrie », *BCH* 119.2, 1995, p. 529-547.

J.-Ch. MORETTI (éd.), *EAD* XLIII. *Atlas* (2015), en ligne : http://sig-delos.efa.gr.

J.-Ch. MORETTI, *1873-1913, Δήλος: εικόνες μίας αρχαίας πόλης που έφερε στο φως η ανασκαφή / Délos : images d'une ville antique révélée par la fouille / Delos: Images of an Ancient City revealed through Excavation*, Patphoto 3 (2017).

Υπόμνημα των εικόνων

Εξώφυλλο: Οικία του Διονύσου [293], λεπτομέρεια του θηρίου (φωτογραφία A. Guimier, ArScAn).

Κάτοψη 1 : Θέση των μνημείων της Δήλου όπου βρέθηκαν ψηφιδωτά (κατά J.-Ch. Moretti, *Atlas* [éd.], 2015).

Κάτοψη 2 : Κάτοψη της Οικίας των προσωπείων (κατά *EAD* XIV, pl. I).

1. Η αυλή της Οικίας των δελφίνων το 1911 (φωτογραφία ΓΑΣ).
2. Οικία III S της Συνοικίας του θεάτρου [270] (φωτογραφία Α.-Μ. Guimier-Sorbets, ArScAn).
3. Οικία της τρίαινας, προοπτική αναπαράσταση της αυλής (υδατογραφία Α. Gabriel, 1911· αρχείο Albert Gabriel, CCJ).
4. Οικία της τρίαινας, κάτοψη (Α. Gabriel, 1909· αρχείο Albert Gabriel, CCJ).
5. Οικία της τρίαινας [234], αμφορέας, στεφάνι και κλαδί φοίνικα (φωτογραφία Ph. Collet, ΓΑΣ).
6. Οικία των προσωπείων [214], συνολική άποψη του κύριου τάπητα (φωτογραφία Ph. Collet, ΓΑΣ).
7. Οικία των προσωπείων [214], έμβλημα με τον Διόνυσο (υδατογραφία V. Devambez, ΓΑΣ).
8. Οικία των προσωπείων [215], προσωπείο γενειοφόρου ανδρός (φωτογραφία Ph. Collet, ΓΑΣ).
9. Οικία των προσωπείων [216], σκηνή μουσικής (υδατογραφία V. Devambez, ΓΑΣ).
10. Οικία των δελφίνων [209], σύμβολο τη Τανίτ (φωτογραφία Ph. Collet, ΓΑΣ).
11. Οικία των δελφίνων [210], δάπεδο της αυλής (σχέδιο με την τεχνική του υδροχρωματισμού Η. Mazet, ΓΑΣ).
12. Οικία των δελφίνων [210], δελφίνια του Διονύσου (ΓΑΣ).
13. Οικία III N της Συνοικίας του θεάτρου [261], εξωτερικό τμήμα με θραύσματα μαρμάρου (φωτογραφία Α.-Μ. Guimier-Sorbets, ArScAn).
14. Οικία των δελφίνων [210], Ερωτιδεύς πάνω σε ένα από τα δελφίνια του Ποσειδώνα (φωτογραφία Α.-Μ. Guimier-Sorbets, ArScAn).
15. Οικία των φούρνων [326], δάπεδο με την τεχνική του opus signinum (φωτογραφία Α.-Μ. Guimier-Sorbets, ArScAn).
16. Οικία II B της Συνοικίας του θεάτρου [242], τρισδιάστατοι κύβοι (φωτογραφία Α. Guimier, ArScAn).
17. Οικία στα δυτικά της Λέσχης του Κοινού των Ποσειδωνιαστών της Βηρυτού [45, 44], σκακιέρα από ψηφίδες (φωτογραφία Α.-Μ. Guimier-Sorbets, ArScAn).
18. Οικία με τον μοναδικό κίονα [171], δάπεδο της αυλής (φωτογραφία Α.-Μ. Guimier-Sorbets, ArScAn).
19. Οικία των δελφίνων [210], τρισδιάστατος μαίανδρος και σπειροκύματα (φωτογραφία Α. Guimier, ArScAn).
20. Οικία των φούρνων [325], τρισδιάστατος τρόχιλος και σπειροκύματα (φωτογραφία Α. Guimier, ArScAn).
21. Οικία της λίμνης, όροφος [95], άνθεμο (φωτογραφία Α. Guimier, ArScAn).
22. Νησίδα των κοσμημάτων [68], συνολική άποψη του κυρίως τάπητα (φωτογραφία Α. Guimier, ArScAn).
23. Νησίδα των κοσμημάτων [68], λεπτομέρεια της γιρλάντας (φωτογραφία Α. Guimier, ArScAn).
24. Οικία III N της Συνοικίας του θεάτρου [261] (φωτογραφία Ph. Collet, ΓΑΣ).
25. Οικία Β της Συνοικίας του Ινωπού [168], έμβλημα με περιστέρια (φωτογραφία Α. Guimier, ArScAn).
26. Οικία του Διονύσου [293], έμβλημα του Διονύσου (φωτογραφία Α. Guimier, ArScAn).
27. Οικία του Διονύσου [293], κεφαλή του Διονύσου (φωτογραφία Α. Guimier, ArScAn).
28. Οικία του Διονύσου [293], κάνθαρος (φωτογραφία Α. Guimier, ArScAn).
29. Οικία Β της Συνοικίας του Ινωπού [169], έμβλημα με γατόπαρδο (φωτογραφία Α. Guimier, ArScAn).
30. Οικία των δελφίνων [210], λεπτομέρεια των σπειροκυμάτων με γρύπες και πλοχμός με δύο στελέχη (φωτογραφία Α. Guimier, ArScAn).
31. Νησίδα των κοσμημάτων, όροφος [69], Λυκούργος και Αμβροσία (φωτογραφία Ph. Collet, ΓΑΣ).
32. Οικία IV B της Συνοικίας του θεάτρου, όροφος [279], τα τρία σπαράγματα (φωτογραφία Α. Guimier, ArScAn).

33. Οικία IV Β της Συνοικίας του θεάτρου, όροφος [279] τα τρία σπαράγματα, σύνθεση σε ένα *έμβλημα* από την Καμπανία που φυλάσσεται στο Βρετανικό Μουσείο (φωτογραφία Α. Guimier, ArScAn).

34. Νησίδα των κοσμημάτων [68], κεντρικός πίνακας (φωτογραφία Ph. Collet, ΓΑΣ).

35. Νησίδα των κοσμημάτων [68], λεπτομέρεια του κεντρικού πίνακα και σχέδιο του περιγράμματος του κίονα, του στάβλου και των ζώων (φωτογραφία Α. Guimier, ArScAn).

36. Οικία των δελφίνων [210], υπογραφή [Ασκλη]πιάδης από την Άραδο (φωτογραφία Α. Guimier, ArScAn).

37. Αγορά των Ιταλών [25], υδρία και κλαδί φοίνικα με επιγραφή (υδατογραφία Μ. Bulard, ΓΑΣ).

38. Σπειροκύματα με φύλλα μολύβδου, Μουσείο Δήλου (φωτογραφία Α.-Μ. Guimier-Sorbets, ArScAn).

39. Οικία των σφραγισμάτων, πατρόν σπειροκυμάτων, μουσείο Δήλου (φωτογραφία Α. Guimier, ArScAn).

40. Οικία των Φούρνων, όροφος [334], σπαράγματα με κατάλοιπα ζωγραφικής (φωτογραφία Α. Guimier, ArScAn).

41. Νησίδα των κοσμημάτων, όροφος [69], ένδυμα της Αμβροσίας (φωτογραφία Α. Guimier, ArScAn).

42. Νησίδα των κοσμημάτων [68], λεπτομέρεια της γιρλάντας: φωτογραφία της υπάρχουσας κατάστασης και προσπάθεια απόδοσης των χρωμάτων σε συνάρτηση με τη φθορά των υλικών (φωτογραφία Α. Guimier, ArScAn).

43. Οικία των προσωπείων, *έμβλημα* του Διονύσου [214], αποκατάσταση των χρωμάτων ολόκληρου του ψηφιδωτού και λεπτομέρεια του φορέματος (υδατογραφίες Ν. Σιγάλας, ΓΑΣ).

44. Οικία των τριτώνων, όροφος [79], άνθεμο με πτηνό, λεπτομέρεια με κανονικό και υπέρυθρο φωτισμό (φωτογραφία Α. Guimier, ArScAn).

45. Οικία των φούρνων, όροφος [334], σπάραγμα με γυάλινες ψηφίδες και κονίαμα ζωγραφισμένο με κυανό χρώμα: λεπτομέρεια με κανονικό και με υπέρυθρο φωτισμό (φωτογραφία Α. Guimier, ArScAn).

46. Οικία των τριτώνων [78], ζώνη πήλινων ψηφίδων σε ερυθρό κονίαμα (φωτογραφία Α. Guimier, ArScAn).

47. Οικία των ηθοποιών, σπάραγμα ορόφου με θραύσματα σε κονίαμα ζωγραφισμένο με ερυθρό χρώμα (φωτογραφία Α. Guimier, ArScAn).

48. Οικία των ηθοποιών, *τρικλίνιο* [72] (ΓΑΣ).

49. Κύνθιον [202], σπάραγμα εμβλήματος από μπροστά (φωτογραφία Α. Guimier, ArScAn).

50. Κύνθιον [202], σπάραγμα εμβλήματος από το πλάι (φωτογραφία Α. Guimier, ArScAn).

51. Νησίδα των κοσμημάτων [68], λεπτομέρεια της κεφαλής της Αθηνάς που φορά κράνος (φωτογραφία Α. Guimier, ArScAn).

52. Νησίδα των κοσμημάτων, όροφος [69], λεπτομέρεια του εμβλήματος: κεφαλή της Αμβροσίας (φωτογραφία Ph. Collet, ΓΑΣ).

53. Οικία της τρίαινας [228], πίνακας της τρίαινας (φωτογραφία Α. Guimier, ArScAn).

54. Οικία της τρίαινας [228], πίνακας με το δελφίνι που τυλίγεται στην άγκυρα (φωτογραφία Α. Guimier, ArScAn).

55. Οικία των τριτώνων [75], συνολική άποψη του δαπέδου με την τριτωνίδα (φωτογραφία Α.-Μ. Guimier-Sorbets, ArScAn).

56. Οικία των τριτώνων [75], λεπτομέρεια του πίνακα της τριτωνίδας (φωτογραφία Ph. Collet, ΓΑΣ).

57. Οικία του Διαδούμενου [86], δάπεδο της αυλής με θραύσματα λίθου (φωτογραφία Α.-Μ. Guimier-Sorbets, ArScAn).

58. Οικία των προσωπείων [214], λεπτομέρεια της κεφαλής του γατόπαρδου (φωτογραφία Ph. Collet, ΓΑΣ).

Τα ψηφιδωτά της Δήλου

Περιεχόμενα

Αυτό το βιβλίο τυπώθηκε
από την Sepec numérique
τον Φεβρουάριο του 2023

ISBN : 978-2-86958-585-0

Κατά Νόμο Κατάθεση: 1° τρίμηνο 2023

Διευθύντρια: Véronique Chankowski – Υπεύθυνος εκδόσεων: Bertrand Grandsagne – Έλεγχος εκδοτικής διαδικασίας:
ΓΣΑ, Iris Granet-Cornée – Γραφικός σχεδιασμός, προεκτύπωση: ΓΣΑ, Guillaume Fuchs – Μετάφραση: Παύλος Καρβώνης